# MBTI 활동을통해
## 사회속
## 나의 역할을
## 생각하는

# 진로수업

MBTI 활동을 통해
사회 속
나의 역할을
생각하는
진로수업

2020년 9월 4일 처음 펴냄
2021년 10월 5일 2쇄 펴냄

**지은이** 이보경
**펴낸이** 신명철 | **편집** 윤정현 | **영업** 박철환 | **경영지원** 이춘보 | **디자인** 최희윤
**펴낸곳** (주)우리교육 | **등록** 제 313-2001-52호
**주소** 03993 서울특별시 마포구 월드컵북로 6길 46
**전화** 02-3142-6770 | **팩스** 02-6488-9615 | **홈페이지** www.urikyoyuk.modoo.at

이 도서의 국립중앙도서관 출판시도서목록(CIP)은
서지정보유통지원시스템 홈페이지(http://seoji.nl.go.kr)에서 이용하실 수 있습니다.
(CIP 제어번호:CIP2020035145)

>>> 초등 학년별 인성교육 : 6학년 진로 <<<

# MBTI 활동을 통해 사회 속 나의 역할을 생각하는 진로수업

이보경 지음

우리교육

# 성장주기에 따라 집중해서 교육할 인성 덕목도 다릅니다

2016년 12월 24일, 디스크 수술을 받고 병원에 누워 있었다. 2인용 병실에서 옆 환자가 계속 바뀌었는데, 운신이 가능해진 어느 눈 많이 온 날 나 혼자 병실을 쓰게 되었다. 고요한 병실에 혼자 있으니 자유로움이 느껴졌다. 새벽에 문득 깨어 창밖을 내다보며 사람 하나 없는 병원 밖 풍경에 시선을 두니 마음이 평안했다. 이 순수한 평온을 사람들이 자주 느낀다면 얼마나 좋을까? 고독하지만 살아 있고 건강해짐에 감사하며, 나를 지켜봐 주는 가족이 있다는 묘한 안도감, 그러면서 다시 무엇인가 시작하고 싶다는 의지가 일어났다.

그때 나는 동화 연구를 하며 현장에서 아이들의 마음을 살리려고 노력하는 한 초등학교 선생님의 책 두 권을 열심히 읽는 중이었다. 몸이 회복되면서 두 아이의 엄마로서 더 이상 아프면 안 되겠다는 다짐과 더불어 내년에 만날 아이들과 어떤 책을 함께 읽으며 이야기를 나눠야 할까까지 생각이 미치자, 여러 가지 아이디어가 머리에 떠오르기 시작했다. 그 상념으로 아픈 시간과 혼자 있는 시간을 견딜 수 있었다. 몸이 좀 살만해지니 머릿속으로 가르칠 내용을 기획하다니, 이것도 일종의 긍정적인 직업병 아닌가 싶다.

그림책과 동화책으로 인성교육을 해 보자는 생각은 예전부터 해 왔고, 도덕 시간에 한두 권씩 읽어 주고 수업 자료로 활용한 지는 오래되었다.

통일과 관련하여 가르치면서 《엄마에게》서진선 지음, 보림, 2014 라는 작품을 읽어 준 적이 있다. 읽어 주면서 나도 눈물이 났지만, 한 4학년 남학생이 눈물을 참다가 끝내 흘리는 모습을 보면서 이야기의 힘이 얼마나 센지 확실히 느꼈다.

환경 문제를 생각하게 하기 위해 《양철곰》이기훈 지음, 리잼, 2012 이라는 글 없는 그림책을 넘기며 보여 주었는데, 아이들은 무척 인상적이었나 보다. 한동안 복도에서 나를 만나면 "양철곰 또 보여 주세요." 하면서 따라다니는 아이도 꽤 있었으니 말이다. 이렇게 이야기를 좋아하는 아이들의 마음에 무엇인가 심어 주고 싶다는 생각이 점점 강해졌다.

퇴원 후, 겨울방학 동안 본격적으로 기획해 1학년에서 6학년까지 각 학년 9차시씩 총 54차시의 '인성 수업' 틀을 만들었다. 틀을 만들고 나니, 각 학년 독서력에 맞는 동화를 찾는 것도 중요하지만, 어떤 동화를 어떤 기준으로 제시할 것인지가 고민이 되었다. 2015 개정 교육과정의 '한 학기 한 권 읽기' 운영에 도움되는 책들이 쏟아져 나왔고, 다양한 책을 사 보거나 빌려 보며 정보를 정리하였다.

하지만 책은 수업 시작의 불씨일 뿐이다. 이 귀한 불씨를 살리는 풀무는 교사의 가치관과 구체적인 활동 디자인이다. 예를 들면, 2학년 아이들과 《틀려도 괜찮아》마키타 신지 글, 하세가와 토모코 그림, 유문조 옮김, 토토북, 2006를 읽고 여러 이야기를 나누고 나서, 용기를 갖는 것이 중요하다는 것으로 끝내서는 안 된다. 아이들의 삶과 연결하는 나름의 전략을 짜고 흥미도 생각해야 한다. 그 방법이 《보글보글 마법의 수프》클로드 부종 글·그림, 이경혜 옮김, 웅진주니어, 2006라는 책에서 아이디어를 얻어 주문을 외치는 것이었다. 상담학에서 말하는 마이켄바움의 '자기교시법'이다. 아이들에게 마녀 모자를 쓰고 별 스틱을 들게 한 후 "수리수리 마수리, 내가 떨릴 때, 엄마가 옆에서 나를 안아 주고 있다고 생각하고 힘을 내라, 뿅!" 이렇게 자신만의 전략을 외치도록 하였다. 결국 동화 이야기를 '아이들의 삶과 연결하는 것'이 책을 통해 제대로 인성 수업을 완성하는 것이고 이는 교사의 중요한 역할이다.

그러나 이러한 활동 디자인은 혼자 하기 버겁다. 아이디어의 고갈, 나의 스타일이 가져오는 지루함에서 벗어나고 싶을 때가 있다. 이럴 때마다 환기해 준 것은 나의 오랜 동료인 '마음별두드림 연구회'다. 2012년 수석교사가 되면서부터 운영해 온 '마음별 두드림 연구회'는 올해로 9년 차가 되는 도덕, 인성, 상담교육 연구회다. 대부분의 연구회가 그렇겠지만, 처음에는 다양한 수업 모형 개발, 수업 자료 개발로 지극히 과업 지향적인 연구회였다. 덕분에 2017년에는 교육부장관상까지 받는 동아리로 성장했다. 이제는 연구회원들과 동고동락하면서 어느덧 서로의 인생사도

털어놓는 귀한 인연을 이어 가고 있다. 모두가 교양인교감/교장 양보인으로 아이들과의 좋은 수업만 생각하는 멋진 선생님이다. 이분들이 나에게 보여 준 교사로서의 성실성과 책임감이 이 책을 쓰는 데 영감이 되었다. 여유와 이해심의 최고봉 남영분 선생님, 딸을 인터넷 강의만으로 서울대에 합격시킨 아이디어맨 함성자 선생님, 동화 소믈리에 최민성 선생님, 삶에서 신앙심과 성실함을 몸소 보여 주시는 이영주 선생님, 교직계의 마당발이며 빠른 일처리 능력자 이정숙 선생님, 모두 감사한 인연이다.

2017년부터 전 학년 전교생을 대상으로 인성교육을 기획하고 구체화, 운영하면서 수업 공개를 통해 단순해 보이기 그지없는 프로그램을 정교화해 나갔다. 선생님들이 '마음별두드림' 인성교육의 존재를 서서히 알게 되었다. 아이들을 위해 만든 워크북을 나누기는 하지만, 이것을 수업에서 어떻게 적용하고 어떤 모습으로 운영하는지 궁금해하는 동료가 늘어났다. 그래서 일종의 해설서가 필요하다는 생각이 들었고, 아울러 방법을 알리는 것 이상으로 인성교육이 아이들의 마음에 가 닿고 삶을 변화시키거나 풍요롭게 만들기 위한 기획이 중요하다는 것도 알리고 싶었다.

교과 교육 뿐만 아니라 생활교육도 이제는 '건전한 민주시민을 기르는' 체계성이 필요하다는 것은 모두가 인정하는 것처럼, 인성교육 또한 그러하다. 내가 기획한 인성교육의 체계는 이렇다.

6학년: 진로(꿈 키움)

5학년: 정서(마음 키움)

4학년: 우리(우정 키움)

3학년: 우리(공감 키움)

2학년: 자신감(자존감 키움)

1학년: 나와 주변(다양한 미덕 교육)


이 책은 4년간 이루어진 각 학년별 인성교육에 대한 기획의 소개이자 실천 과정에 대한 보고다. 학년별로 강조된 점을 위해 어떤 자료들을 어떻게 활용했으며. 이 과정에서 아이들의 반응은 어떠했는지 쉽게 풀어내려고 노력하였다. 아울러 25년간 교직 경험을 통해 학년별 발달 특징 및 인성교육 영역에서 이슈가 되는 것들에 대한 나름의 견해도 적어 보았다.

해마다 학교에서 교육과정 운영에 대한 전반적인 평가나 의견들을 들어 보면, 교육과 관련된 모든 구성원이 한결같이 '인성교육'을 가장 많이 이야기한다. 그런데도 구체적인 가치나 실천에 대한 논의는 많지 않다. 이 책이 인성교육 실천 방법의 한 갈래를 안내하고, 더 나은 인성교육 실천을 위한 풀무가 되기를 소망한다.

인간다움을 끌어내고, 인간다움을 잃지 않으며, 인간다운 삶을 선택하면서 자신과 타인의 삶을 행복하게 만드는 '참사람'을 길러내는 인성교육을 조금이나마 시도한 노력의 결과물이라고 자부한다. 결과로서가 아니라 성장 과정의 한 지점에서 이만큼 정리했다는 것에 대해 스스로를 도닥이며, 다른 동료나 학부모가 새로운 인성교육에 대한 영감을 떠올리는 한자락 단서가 되길 바란다.

이 책이 나오기까지, 가장 고마운 사람들은 따뜻한 마음을 갖고 열정적으로 수업에 참여해 준 풍산초 학생들이다. 학생들과 다양한 활동을 하도록 지원해 주신 최치식 교장 선생님, 언제 책이 나오느냐며 관심을 두어 주신 조미숙 교감 선생님, 윤순애 원감님도 감사하다. 무엇보다 이 책을 편집하느라 고생하신 윤정현 편집장님께도 고맙다. 늘 나를 격려해 주는 남편, 중2가 되지만 여전히 성실하고 바른 아들 회윤, 워크북을 보며 이 좋은 것을 왜 자기에게는 안 가르치냐며 샘을 내는 귀여운 딸 다연이가 늘 무엇인가를 꿈꾸게 하는 나의 동력이다.

차례

# 13살 마음은 어른,
# 하지만 이제 막 어린이를 벗어난 나이

6학년 학급운영 및 생활교육에 대한 어려움을 토로한 책이 이슈화된 적이 있다. 나 또한 교사가 되어 맨 처음 담임을 맡은 학년이 6학년이었고, 부장도 해 본지라 6학년 운영의 어려움에 대해서는 잘 이해한다. 최고 학년인 6학년 생활교육이 잘 잡히면 학교 전체 풍토가 온화해질 정도로 영향력이 크다는 부담감도 있다. 요즘은 교사의 권위가 떨어지기도 했고, 아이들을 향한 진정성이 쉽게 왜곡되기도 하여 생활교육이 더욱 어렵다. 특히 미디어의 발달로 어른의 세계를 너무나 일찍 알아 버린 아이가 늘면서, 이미 어른인 척 행동하는 아이들을 대상으로 생활교육을 한다는 것이 쉽지 않다. 너무나 큰 온라인이라는 놀이터를 가지고 있는 아이들의 세계를 따라가기가 참 버겁다. 사회의 다양한 문제가 교실에서 재현되는 순간을 목도할 때도 많다. 학교는 사회의 거울이고, 아이들은 어른들의 거울인지라 세상이 복잡해진 만큼 아이들을 교육하는 것도 참 복잡해졌다.

지금도 6학년 부장은 학교에서 설득해서 맡게 되는 보직이다.

서로 뜻이 맞는 교사들을 함께 6학년에 파격적으로 배정해 주기도 한다. 이 말은 곧 그런 협상이 먹힐 만큼 기피하는 학년임에는 틀림없다는 것이다. 왜 이렇게 6학년이 어려운걸까?

6학년은 교사보다 신체적으로 더 크게 발달하기도 하고 정서적, 심리적으로 요동치는 학생들인지라 생활교육이 어렵다. 얼마 전까지만 해도 교사를 우러러보던 아이들이 어느덧 교사를 내려다볼 정도로 키가 커졌다. 이러한 특성 때문에 학생들과 불편한 말을 할 때는 서로 앉아서 이야기해야 한다. 호르몬의 영향 및 발달적 특성으로 쉽게 흥분하거나 억울해하고, 상대에 대한 공감력이 다소 떨어지기 때문에 일어나서 대화를 하면 더 흥분하고 제어할 수 없다. 6학년과 대화할 때는 감정을 가라앉히고 키높이 및 눈높이를 맞추기 위해 앉아서 아이의 눈빛을 바라보며 친절하지만 단호하게 이야기해야 한다.

6학년은 '이상주의'가 강해 자신들의 높은 기대 수준에 미치지 못하는 어른들에 대해 실망하거나 냉소한다. 5학년 때까지만 해도 뭔가 수줍고 부드럽던 눈빛이 6학년이 되면 확 변한다. 말이라도 걸면 '왜 귀찮게 해!'라는 경계심과 심지어 '뭐라는 거야?'라는 적대적인 시선을 보내는 아이도 많다. 개인적으로 반항하거나 묵묵부답으로 표현하기도 하지만, 집단을 형성하여 노골적으로 교사를 따돌리거나 괴롭히기도 한다. 학교폭력 피해자의 피해 이유가 다양하듯, 선생님에 대해서도 다양한 이유로 아이들이 등을 돌릴 수 있다는 것이다. 실제 6학년 부장을 할 때 어떤 학급에서 담임교사 안티카페가 발견되어 수습하느라 힘든 적이 있었다. 지금이야 암암리에 만들어지고 있으리라 생각하며 교사들이 의연하게 받아들이지만, 그때만 해도 정말 충격이었다. 그 해결 과정에서 여러 사람이 상처를 받았다. 아이들은 교사를 다양한 방법으로 괴롭힐 수 있는 힘이 있다.

가짜 자존감으로 영웅 심리에 취한 아이 중에는 선생님과 대립해서 이기는 것으로 학급 아이들에게 인정을 받으려고도 한다. 이유 없이 선생님을 칭찬하면서 어쩔 줄 몰라 하는 선생님의 반응을 즐기며 자기들끼리 히히덕거리며 비웃기도 하고, 발표한다면서 대놓고 욕 하는 손동작을 보이기도 한다. 최근에는 이 수위를 능가하는 사건들에 대한 소문이 돌고 있다. 학급 내에서 이른바 여왕벌 격인 힘있는 여학생을 아이들 앞에서 혼을 냈더니, 방과 후 몇몇 무리가 와서 선생님께 사과를 요구하더란다. 교사가 불쾌한 마음을 표현하자, 복수한다며 앉아 있는 교사를 여러 명이 공격한 사건도 있다. 학교폭력 가해자가 그러하듯 이 아이들도 교사를 공격하면서 여러 가지 이유를 댄다. 그러나 스스로 후회하고 진정으로 반성하도록 하는 과정은 예전에 비해 쉽지가 않다. 학부모들이 아이의 행동을 미안해하기보다는 '교사에게도 문제가 있다'면서 그 책임을 교사나 학교로 떠넘기는 경우가 많기 때문이다. 교사에게 의자를 던지기도 하고, 꾸중했더니 뛰어내리겠다고 창문으로 돌진하는 등 비상식적이고 통제할 수 없는 행동을 함에도 불구하고 그 심각성을 회피하는 학부모도 많아져서 6학년 교사는 엄청난 인내심이 필요하게 되었다. 물론 전 학년에 이런 경향이 많아지고 있지만, 6학년에서 유독 도드라지는 것은 문제 행동이 해결되지 않고 계속 누적되었기 때문이다.

이렇게 여러 가지 사건들을 떠올리며 이야기하다 보니 6학년이 너무나 부담스러운 학년이라고 단정짓는 것 같은데, 꼭 그렇지만은 않다. 순하고 부드러운 아이가 많이 모이는 해가 있고, 호의적인 학부모가 많은 해도 있다. 그 아이들이 6학년이 되면 학교가 평화롭기 그지없다.

이런 아이들도 2학기가 되면 "어서 빨리, 잘 졸업시켜야 하는데."라는 말이 자연스럽게 나온다. 비판의식과 자의식이 강해지면서 일방적인 생활지도가 잘 먹히지 않고, 과정을 중시하며 함께하는 생활교육이 필요하기에 교사의 정신력이 더 많이 요구된다. 1, 2학년 때는 재미있는 선생님, 친절한 선생님, 따뜻한 선생님 상을 선호하는 반면, 고학년 특히, 6학년은 공정하고 차별하지 않으며 잘 가르치는 선생님, 무언가 배울 것이 있는 선생님 상을 선호한다. 교원능력개발평가 결과를 해마다 12월에 받는다. 나에 대한 아이들의 평가 중 가장 인상 깊었던 것은 '선생님은 나의 편견을 깨 주는 교사로서의 능력을 갖고 있다', '선생님은 평상시는 친절하지만, 옳다고 생각하는 일에는 단호하게 밀고 나가신다'라는 문구였다. 이런 평가를 할 정도로 아이들이 내 성향을 꿰뚫고 있다는 점에 놀란 적이 있다. 그래서 6학년 아이들을 대할 때 진실함과 존중감을 잃지 않도록 유독 신경을 많이 쓴다.

6학년 담임이 어려운 이유 중에는, 교과과정이 쉽지 않다는 점도 있다. 초등 교사는 전 과목을 거의 가르치는데, 6학년은 교과과정이 쉽지가 않다. 교과 내용을 학생들이 이해하기 쉽게 내용을 재구성해야 하는데, 연구하지 않으면 가르치는 내용이 허술해질 수밖에 없다. 국어는 깊이가 깊어지고, 사회는 가르쳐야 할 내용도 많지만 용어들을 아이들이 이해하기 쉽게 풀이하기가 점점 어려워지고 있다. 요즘 아이들의 문해력, 그중에서도 어휘력이 다양한 이유로 떨어졌기 때문이다. 수학은 알고리즘에 따라 풀도록 훈련시키기 전에 원리를 쉽게 이해시켜야 하는 과정이 필요하기에 교사가 더 많이 연구해야 한다. 한마디로 교사로서 상식이 풍부해야 한다. 아이들은 교사의 교과 지식에 관한 수준을 기가 막히게 인지한다. 따라서 잘 못 가르치면 아이들로부터 신뢰를 잃을 수 있다. 이렇게 교재연구를 많이 해야 해서 더 어려운 학년이다.

6학년의 생활교육과 교과지도 모두가 힘들어지는 이유는 아이들의 인지 발달 수준이 가장 높은 시기이고, 비판의식이 발달하는 나이기 때문이다. 이에 더해 감정적으로 온탕과 냉탕을 오가는, '사춘기'라는 생물학적 발달 특성, 전두엽 리모델링의 시작으로 인한 충동적 감정 및 사고의 증가 등도 한몫한다.

자신뿐만 아니라 사회를 보는 눈도 발달하는 6학년 아이들에게 자기를 올바로 이해하고, 아울러 나와 사회의 관계 즉, 공동체성을 생각하고 공동체를 위한 실천 의지를 키우는 인성교육이 더욱 필요한 시기다. 이런 관점에서 6학년 인성교육은 '나'를 더 깊이 성찰하고, '우리'를 생각하는 방향으로 기획·운영하여 그 결과를 정리해 보았다.

| 차시 | 영역 | 활동명 | 비고 |
|---|---|---|---|
| 1 | 인성 | 독서 토론으로 마음의 힘 기르기① <br> -《뛰어라 메뚜기》질문 만들기 | -나를 소개하기 <br> -하브루타[1] |
| 2 | 인성 | 독서 토론으로 마음의 힘 기르기① <br> -《뛰어라 메뚜기》전체 토의 | -나에게 필요한 용기 |
| 3 | 인성 <br> (철학) | 독서 토론으로 마음의 힘 기르기② <br> -《스갱 아저씨의 염소》질문놀이 | -하브루타 <br> -논제 추출하기 |
| 4 | 인성 <br> (철학) | 독서 토론으로 마음의 힘 기르기② <br> -《스갱 아저씨의 염소》전체 토의 | -찬반 토론 <br> -자유 관련 논제 |
| 5 | 진로 | 나는 어떤 사람일까? <br> -MBTI를 통한 나의 이해 | -성격검사 및 나의 이해 |
| 6 | 진로 | 우리는 어떤 사람일까? <br> -MBTI를 통한 서로 다름의 이해 | -나의 학습 유형[2] <br> -서로 다른 우리 |
| 7 | 진로 | 나에게 맞는 진로 설계① <br> -진로카드를 통한 직업 유형 찾기 | -진로에 대한 이해 <br> -나의 진로 유형 찾기 |
| 8 | 진로 | 나에게 맞는 진로 설계② <br> -직업 유형에 따른 강점 찾기 | -홀랜드의 직업 성격 유형에 따른 특징 이해하기 <br> -진로 사명서 쓰기 |
| 9 | 진로 | 우리를 위한 진로 설계 <br> -우리나라가 100명의 마을이라면 | -공동체를 생각하는 나의 꿈 |

---

1. 탈무드를 공부하는 유대인의 전통적 학습 방식. 서로 짝지어 질문과 설명을 이루어 대화하면서 생각을 정리, 확장한다.
2. 진로 수업 6차시와 7차시 사이에 할 수도 있고, 9차시까지 인성 수업을 하여 자기 성향에 대해 숙지한 후 수업 외 활동으로 할 수 있다.

# 6학년에게 용기가 필요한 이유

## 건강한 자의식을 형성해야 하는 6학년

6학년, 초등학교를 마무리 하는 중요한 시기의 아이들을 지도하다 보면 사랑과 증오, 좋음과 싫음이 교차하는 양가감정이 자주 생긴다.

중학교 진학 직전 중요한 시기에 아이들을 가르친다는 막중한 책임감과 함께 능력을 인정받는 것 같아 긍정적인 감정이 들다가도, 생활지도에 신경이 쓰이고 교수 방법뿐만 아니라 교과 내용에 대한 충분한 연구가 어느 학년보다도 많이 필요해 긴장감을 늦출 수 없다는 다소 부정적인 감정이 있다. 이 둘이 묘하게 얽혀 있는 학년이 고학년이다.

복도에서 우르르 몰려다니고, 화장실에서 낄낄대며 웃는 아이들을 볼 때면 걱정스러움과 거부감이 함께 들기도 한다. 1학년 아이들을 대할 땐 마냥 귀여움을 느끼지만, 비슷한 상황인데도 고학년 아이들은 가끔 위협적으로 느낄 때가 있다. 자기들이 집단으로 뭉쳤을 때 생기는 힘을 아이들은 본능적으로 알고 있는 것 같다. 혼자서는 못 하는데 여럿이 있으면 발생하는 힘 말이다. 그것을 알고 뭉쳐 다니며 자기네 세력을 과시하려고 한다. '둘 이상 나란히 같이 다니지 못한다'는 다소 황당한 규칙을 만든 학급도 있는데, 선생님의 고민이 십분 이해되기는 한다.

아이들이 몰려다니는 이유는 '자의식'이 발달했기 때문이다. 남이 나를 어떻게 바라볼 것인지에 대해 나름대로 평가한다. 때로는 자의식이 과해 '상상 속의 청중'을 만들어 내기도 한다. 무대에 선 사람처럼 사람들이 나를 주시한다는 생각으로 행동이 부자연스러워지기도 한다.

자의식self-consciousness은 '내가 자신의 생각과 행동을 지켜보고 되돌아보는 의식'이다. 의식적으로든 무의식적으로든 누가 지켜본다는 생각으로 행동을 조심하고, '왜 내가 그런 행동을 했지?'라며 스스로 반성하고 성찰하는 것 등이 자의식이다. 건강한 수준이라면 도덕성, 양심 등을 향상하는 수단이 될 수 있다. 그러나 자의식이 너무 낮으면 주변 눈치를 많이 보며 신경증으로 이어지기도 하고, 반대로 지나치게 높으면 잘난 척하거나 자신의 경험을 과장하고 나르시시즘Narcissism으로 빠지는 경우도 있다. 이것은 '자기 성찰'이 빠진 '표피적 자의식'으로 건강하지 못한 상황이다.

자의식은 아동기나 청소년기에 유난히 발달한다. 지하철에서 여럿이 있을 때는 남들의 시선을 의식하며 와자지껄 떠들거나 또래집단 특유의 욕을 해 대며 센 척하는 청소년이, 혼자 있을 때는 고개를 푹 숙이고 구석에 가서 소리 없이 서 있는 경우를 종종 본다. 괜히 어색하게 걷고 남들이 볼까 봐 모자를 푹 눌러 쓰고 검은 마스크까지 하고 고개를 숙이고 간다. 그런데 그런 어색함이 오히려 눈에 더 띈다. 유난히 떠들거나 반대로 지나치게 위축된 행동은 모두 불안정한 자의식 때문이다.

불안정한 자의식이 상상 속의 청중을 만들고, 무대 위에 있는 배우처럼 주변 사람들의 시선을 지나치게 의식하며 행동하다 보니 숨기려고 하는 아이들의 모습이 오히려 어색해서 두드러진다. 이런 행동은 청소년이 정서지능의 일종인 '눈치'를 배우며 건강한 자의식을 형성해 가는 통과의례라고 할 수 있다. 그런데 이 현상이 유독 우리나라에서 더 심하게 나타난다.

저학년이나 중학년 때는 해맑게 발표 잘하던 아이들이 고학년으로 올라가면서 슬슬 관망하거나 뒤로 빼기 시작한다. 친구들에게 잘난 척한다는 말을 들을까 봐, 선생님께 아부한다는 오해를 살까 봐 조심하는 것이다. 심지어 '관종관심종자라는 말로 관심을 갖기 위해 지나치게 과잉행동을 하는 아이들을 일컫는 비속어'이라는 말까지 듣기도 한다. '가만히 있으면 반이라도 간다', '나대지 않는 것이 미덕이다'라는 우리나라의 좋지 않은 관행이 현대의 아이들에게서도 나타난다는 점에 좌절하게 된다. 하지만, 학습 난도가 본격적으로 높아지는 중학교에 진학하기 전에 아이들이 배움으로부터 도주하지 않도록, 배움에 적극적으로 참여하는 '용기'를 갖게 하는 것이 고학년 선생님의 숙원일 것이다. 나 또한 인류 최대의 불치병인 사춘기를 겪는 6학년이 가치로운 행위이를 테면 지적 토론이나 인간으로서의 착한 행동를 통해 과잉 자의식을 극복하고 진정한 용기를 내어 나서기를 바라는 심정에서 택한 것이 동화《뛰어라 메뚜기》다시마 세이조 글·그림, 정근 옮김, 보림, 1996다.

## 진정한 용기란 무엇인지 깨닫기

### 작품 열기

일본 작가 '다시마 세이조'가 지은 이 동화책은 짧고 간단하지만, 매우 강렬하다. 무엇보다 아이들이 논제를 찾고 그 논제에 대한 자신의 생각을 논리적으로 쓰는 연습을 하기에 좋은 작품이다. '용기', '잠재력 발현을 위한 행동이 동화에서는 날갯짓'들을 생각하도록 유도하기에 좋다.

《뛰어라 메뚜기》표지 이미지 제공_보림 출판사

우선 책을 읽기 전에 표지를 펼친다. 앞면과 뒷면의 같은 메뚜기의 다른 모습을 보며 자유롭게 이야기를 나눈다. 수준이 되는 학급이면 그림에 대한 전반적인 느낌을 함께 나누는 과정에서 원작에 대한 소개를 할 수도 있다.

"앞표지와 뒷표지의 차이가 뭐지요?"

"어… 색깔이 환해졌어요. 밖으로 나왔네?"

"자빠져 있네? 다리가 위로 갔네요. 떨어지는 중인가? 추락 중이군…."

"앗, 날개가 있다!"

시간만 주면 아이들은 숨은 그림 찾기 하듯 변화된 모습을 잘 찾는다. 그리고 한 장을 넘겨 면지의 수풀 그림을 보여 주며 메뚜기가 어디로 갔는가, 뭐하고 있는가를 물어보면 집중해서 보다가 또 한 장 넘겨 매달려 있는 메뚜기를 발견하고는, "매달려서 뭔가 먹고 있다", "자고 있다", "숨어 있나?" 등의 반응을 한다.

또 넘기면 바로 두꺼비에게 잡아먹히는 메뚜기를 보며 아이들은 기겁한다.

《뛰어라 메뚜기》본문 이미지 제공_보림 출판사

"으, 깜짝이야. 친구가 잡아먹히니 무서워서 숨어 있었구나!"

작품과 만날 때, 특히 동화책이나 그림책은 표지와 속표지에 대해 충분히 이야기를 나누면서 아이들이 작품을 받아들일 준비를 해야 한다. 아울러 작품의 분위기를 파악하고 내용을 궁금해 하도록 동기 유발하는 데 좋다.

작품 만나기

책을 읽어 주기 전에 아이들에게 내용을 들으며 두 가지 과제를 준다. 작품 전체를 대표하는 핵심 낱말이 무엇인지 찾기와 질문 만들기다.

"들으면서 핵심 낱말을 찾고, 질문을 만드세요."

핵심 낱말은 전체 주제를 파악하는 것이고, 질문은 생각하면서 작품을 감상하는 목적과 더불어 이후에 토론할 주제 즉, 논제를 찾기 위함이다.

너무 과하지도, 밋밋하지도 않게 읽는 것이 좋다.

읽어 주는 동안 아이들은 놀랄 정도로 집중한다. 그림의 강렬함과 1차 소비자인 메뚜기가 2차, 3차 소비자들을 모두 물리치고 결국은 위기의 순간에 자신의 날개를 펼쳐 날기 시작하고, 잠자리와 나비의 비웃음 속에서도 날개를 자랑스러워하며 나는 모습은 분명 환희의 순간이다. 더욱이 황무지를 지나고 바다를 건너 어딘가로 간다는 것, 한 마리 메뚜기가 이런 힘을 가지고 있다는 것이 대단하지 않은가?

"이 메뚜기는 바다를 건너가서 어떻게 되었을까?"

상상력을 자극하는 질문을 던진다. 역시나 아이들은 다양하게 말하는데, 대답에서 생각의 틀이 드러난다. 부정적인 시각과 긍정적인 시각 등등.

"결국 메뚜기는 운명을 달리했겠죠, 뭐. 메뚜기는 메뚜기니까. 그런데, 정말 메뚜기가 바다 위를 날아간다고? 메뚜기가 날아서 멀리까지도 갈 수 있구나."

"음, 이 메뚜기의 용기를 보고 따라하는 메뚜기들이 생겨서 큰 무리를 이루었을 것 같아요."

지은이의 위트가 드러나는 것은 마지막 장을 넘겼을 때다. 풀 위에서 주인공인 녹색 메뚜기와 분홍 메뚜기가 서로를 보고 있다. 아이들은 단번에 여자친구, 사랑, 짝짓기의 말들을 하며 해피엔딩에 쑥스러운 미소를 짓는다. 그러면서 "바다 건너가서 만난 메뚜기라서 새로운 종이 탄생하겠군." 하며 진화론자처럼 말하기도 한다.

그런데 대뜸 한 학생이 "야, 분홍이라고 여자 메뚜기는 아니잖아? 다른 종의 메뚜기를 만나 친구가 된 것일 수도 있지."라며 분홍은 여자의 색이라는 편견을 깬다. 아이들과 나는 순간 멍하니 있다가 "그럴 수도 있겠다"고 수군거리고, 그것을 말한 아이는 으쓱해한다.

"그렇구나, 그럴 수도 있지. 작품을 보고 상상하는 것은 우리의 자유니까."라고 마무리하면서도, 파랑은 남자, 분홍은 여자라는 인식이 성 평등에 어긋나는 고정관념임을 이미 아이들도 다양한 매체로 접하고 있다는 것을 깨닫게 된다. 이래서 교사는 가르치면서 배우는가 보다.

'다시마 세이조'의 메뚜기는 우리에게 '용기'를 말한다.

### 핵심 낱말 찾기

책을 다 읽고, 아이들에게 핵심 낱말과 질문을 쓸 기회를 잠시 준다. 모둠별로 책을 한 권씩 주면 아이들이 넘겨 보면서 고민한다. 이후 핵심 낱말은 모두 들어 본다. 끊지 않고 줄줄이 발표<sub>쭉 이어서 하는 발표</sub>로 핵심 낱말을 모두 말하게 하고, 중간에 말을 잘라 평가하지 않도록 한다. '뛰어 오르다', '대담하게', '날개', '날갯짓', '문득' 등 아이들은 자연스럽게 핵심어를 찾아간다.

이것은 작품의 주제 탐색으로 연결된다. "이것이 핵심 낱말이란다." 하고 교사가 답을 말할 필요는 없다. 맘속으로 메뚜기의 잠재력 발현을 상징하는 '날갯짓'이란 낱말을 아이들이 찾아내기를 바라는데, 용케 찾아낸다. 이 핵심어가 나오지 않으면 어떻게 할까? "내가 생각하는 핵심어가 있어요. 뭘까요?"라고 하면 아이들이 벌떼처럼 말하기 시작할 것이다. 그 말 속에 '날갯짓'이 나오면 반가운 표정으로 "응, 그거예요." 반응하면 된다.

가끔 생각하기 싫어하는 아이들이 "메뚜기"라고 말한다. 그냥 지나치지 말고 왜 메뚜기라고 생각하느냐고 물어보면 역시나 "제목에 나오니까요."라고 대답하는 게으른 학생이 있는가 하면, 태도를 바꿔서 "메뚜기가 결국 자신의 힘을 발휘하는 것이니까요, 자기를 찾은 것이니까요…."라고 의미심장한 답을 하는 아이도 있다. 그럴 때는 반갑다.

### 논제 만들기

인성 수업 시간에는 특히 생각을 확장하기 위해 하브루타 수업을 많이 하려고 한다. 유대인의 학습 방식인 하브루타 수업은 공부 짝인 하베르와 질문과 답변을 주고받으며 내용을 명확하게 이해하고, 자신의 관점을 명료하게 정리할 수 있다. 물론 상상과 메타적 사고를 일깨우기도 한다. 이런 하브루타 수업의 시작은 좋은 질문 만들기다. 좋은 질문을 만든다는 것은 내용을 벌써 이해하고 있다는 뜻이기도 하다.

그런데 질문을 생각해서 기록하라고 하면 과학적인 질문이나 친구들 사이에서 튈 만한 질문, 농담 따먹기 식의 질문을 하는 아이가 생긴다. 논제까지 이르도록 질문 수준을 높이기 위해 미리 원하는 질문 방향을 설명한다.

"얘들아, 이런 질문은 곤란해요. '메뚜기의 다리는 몇 개인가요?', '메뚜기가 부순 거미줄은 크기가 얼마인가요?' 같은 거."

다행히 아이들이 나의 농담 반 진담 반의 유의 사항 설명에 웃는다.

"이런 질문은 수준이 있지요. 예를 들면, '백설공주가 난쟁이 집에 들어가서 잔 것은 무단침입인가?'"

아이들은 교사가 만들기 원하는 질문이 무엇인지 이해하고는 확인하는 질문을 한다.

"아! 찬성과 반대로 나누어서 토론할 수 있는 질문 말이군요!"

모둠별로 각자의 질문을 확인하고 가장 좋은 질문을 대표 질문으로 뽑게 한다. 교사는 그것을 칠판에 기록한다. 기록한 질문 중 전체에서 가장 대표적인 질문을 뽑는다. 그것이 바로 토론의 주제, 논제가 되는 것이다. 이것까지 확인하고 다음 2차시를 시작한다.

## 논제를 정하여 토론하기

2차시에서는 '논제를 정하여 토론해 보자'라는 학습 문제로 시작한다.

처음부터 전체 토론으로 자유 토론을 시작하면 몇몇 말 잘하는 아이들의 논쟁과 다수의 방관자의 관찰로 진행되는 뻔한 토론이 될 수 있다. 한 명도 빠져나가지 않고 모두가 참여하는 자유로운 토론 수업은 이렇게 기획한다.

첫 번째 장치는 각 모둠에서 각자 만든 질문을 소개한다. 그 중에 좋은 질문을 하나 뽑는다. 뽑힌 질문은 논제가 된다. 논제를 칠판에 붙이면 교사는 칠판에 논제를 다시 한번 써 준다. 논제에 공을 들이는 이유는 토론의 수준을 결정하기 때문이다. 아이들 사이에서 어떤 논제가 나오고, 거론된 논제 중 어떤 것을 최종 논제로 선정하느냐에 따라 이후 펼쳐질 아이들의 토론 수준을 예상할 수 있다. 시간을 들여 논제를 선정하는 것은 시간 낭비가 아니다. 아이들이 논제를 선정하면서 부지불식간에 그에 대한 답변을 떠올리기 마련이고 그러면서 아이들은 머릿속에서 생각을 넓혀간다.

모둠원들은 자신들이 뽑은 논제로 생각을 말하며 토론한다. 가끔 논제 조율을 못 해서 서로 갈등도 하고, 다른 모둠과 겹친다는 것을 알고 기분 나빠하며 논제를 바꾸는 모둠도 있다. 조율

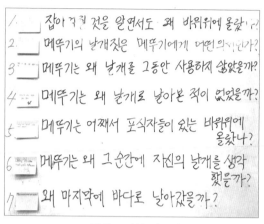

모둠별로 만든 질문들

을 못 해서 논제를 못 내고, 논제 정하는 일을 가지고 계속 논쟁하는 모둠은 다른 모둠이 논제로 토론하는 동안 논제를 정하는 토론으로 시간을 활용할 수 있게 한다. 논제를 고수하려는 이유를 말하는 과정에서 작품에 대한 이해도 깊어지고 서로 대화하며 이야기를 조율하는 과정 자체도 중요하기 때문이다.

아니면, 자기 논제를 제외한 다른 논제를 뽑도록 하면 자연스럽게 선정할 수 있다. 또한 중간에 논제를 바꾸겠다는 팀이 있을 때, 간절하게 요구하면 바꾸도록 하되, 시간제한이 있는데도 바꾸겠는가 묻고 괜찮다고 하면 변경한다.

모둠원 간 토론에서 나온 답변을 모둠원 중 한 명이 포스트잇에 받아 적는다. 모둠별 토론이 끝나면 포스트잇을 칠판에 미리 쓴 모둠 논제 옆에 붙인다. 교사는 답변을 붙인 순서대로 잘 요약 정리해서 칠판에 쓴다. 시간차가 있어서 그렇게 몰리지는 않는다. 모둠별로 나온 의견을 빨간색으로 쓰는데, 여유가 되면 모둠의 한 명이 직접 발표하기도 한다.

"우리 모둠에서는 '메뚜기가 왜 여행을 떠났을까?'라는 논제로 토론했습니다. 친구를 만나려고, 새로운 경험을 하기 위해서, 천적이 무서워서, 짝짓기를 위해서라는 답변이 나왔습니다."

이렇게 발표할 때 교사가 핵심 낱말을 빨간색으로 받아 적는다. 칠판에 아이들의 의견을 받아 적는 것이 수고스럽기는 하지만, 아이들의 의견을 존중하는 방법이기도 하다. 또한 교사의 필기를 보며 아이들도 눈으로 함께 정리하며 수업에 집중시키는 전략이기도 하다. 생각을 더 깊이 파고드는 것이 전체 찬반토론이 된다. 그러나 나는 전체 찬반 토론 대신 토론의 기본이 되는 논제에 대한 질문과 방어라는 '자유 토론'을 선택했다.

두 학급에서 나온 논제와 의견을 제시해 본다.

A 학급

1조: 메뚜기는 왜 날개를 미리 사용하지 못했을까요?
  - 두려움 때문, 용기가 없어서

2조: 메뚜기는 왜 그 전에는 날개를 사용하지 않았을까요?
  - 두려움, 숨어 사느라 쓸 필요가 없었다, 머리가 안 좋아서

3조: 당신이 메뚜기였다면 모험할 용기가 있었을까요?
  - 나는 못 한다, 낮은 확률에 목숨 거는 것은 무모하다

4조: 메뚜기는 어떻게 힘껏 날아오를 수 있었을까요?

- 생존이니까, 위협 때문에, 본능이니까, 두려움의 힘으로

5조: 메뚜기가 왜 바위로 올라갔을까요?

- 생존, 도망, 갑갑해서, 잠재력 발휘를 위해

6조: 메뚜기는 여러 위기를 겪으며 어떤 교훈을 얻었을까요?

- 어떤 위기가 와도 출구와 방법은 있다

7조: 메뚜기는 사막, 바다 위를 어떻게 참고 날았을까요?

- 날개를 알게 된 기쁨, 즐거움으로, 짝을 찾으려는 본능으로


B 학급

1조: 메뚜기처럼 용감해지기 위해 필요한 것은 무엇일까?

- 나의 장점 찾기, 자신감, 두려움 버리기

2조: 메뚜기가 힘껏 점프할 수 있었던 까닭은?

- 생존을 위해, 기회라는 생각에, 용기를 내어서

3조: 메뚜기가 계속 숨어서 살았다면 어떻게 되었을까?

- 두려움 속에서 죽어간다, 행복을 모르고 죽는다, 넓은 세상을 모르고 죽는다

4조: 메뚜기는 무엇을 바라고 풀숲을 떠났을까요?

- 자유, 원하는 것, 숨어서 사는 것에 대한 수치감, 세상을 알기 위해

5조: 메뚜기는 어떻게 용기를 냈을까요?

 - 두려움 극복을 위해, 본능이다, 짝짓기를 위한 몸부림이다

6조: 메뚜기는 왜 여행을 떠났을까요?

 - 친구를 얻기 위해, 새 경험을 위해, 천적이 무서워서, 짝짓기를 위해

7조: 왜 메뚜기는 진작 날개가 있는 것을 몰랐을까요?

 - 숨어 살 땐 필요가 없으니까, 위험한 순간을 겪어 보지 못해서


자유 토론하기

논제는 모둠별 대표가 논제와 나온 의견을 발표하는 동안 교사가 받아적어도 되고, 미리 적어 놓은 후 모둠 대표가 발표해도 된다.

이 발표를 들으며 아이들은 질문거리와 반박거리를 찾는다. 집중력이 뛰어나고 따지기 좋아하는 아이들이 모여 있는 학급은 발표를 들으면서 '그래, 바로 이거야!'라는 듯이 눈을 빛내며 반박 태세를 취하는 아이들이 있다. 교사로서는 무기력한 반보다는 차라리 삐딱한 반이 훨씬 좋다. 거칠더라도 자기표현을 하는 아이들이, 반응이 없고 멍하게 앉아 있는 무기력한 아이들보다 살아 있는 수업을 하는 분위기를 만들기 때문이다. 전체 자유 토론에서 나온 대화 내용을 제시하면 다음과 같다.

**공격** 1모둠에서 메뚜기처럼 용감해지기 위해 두려움을 버리면 된다고 하셨습니다. 두려움만 버리면 용기 있는 행동을 바로 할 수 있을까요?

**방어** 두려움만 버린다고 용기 있는 행동으로 이어지지는 않습니다. 하지만, 용기를 내기 위해서는 두려움을 버리는 것이 큰 도움이 될 것입니다.

**공격** 글쎄요, 제 생각에는 두려움이 없는 용기는 자신을 위험하게 하는 '만용'입니다. '수영금지'라는 깊은 물에 두려움 없이 들어가서 수영하는 것은 용기가 아닌 무식한 용감<sub>만용</sub>일 뿐입니다. 그리고 두려움이 있어야 신중해지고 현명한 용기를 발휘하지 않을까요? 따라서 두려움을 버리는 것이 용기 있는 행동이라는 것은 잘못된 말씀인 것 같습니다.

**방어** 소방관은 불길이 두렵지만, 그 두려움을 버려야 용기를 내어 구조 활동을 하는 것 아닌가요? 두려움을 버려야 행동할 수 있습니다.

**공격** 두려움을 버리는 게 아니라, 두려움을 통제하는 것이지요. 두려움을 없앨 수는 없으며 단지 두려움이 나를 지배하지 못하게 누르는 것이지요. 두려움을 버리는 것이 아니라 두려움을 잘 다스리는 것이 용기라고 바꾸어야 할 것입니다.

서로를 존중하며 '용기'의 개념을 확장하고 내면화하는 소중한 지적 토론이다. 용기를 발휘하기 위해서는 두려움을 없애는 것뿐만 아니라 두려움을 다스리는 것이며, 실제 준비하고 실천하는 것이 중요하다는 것을 아이들이 스스로 생각해 내는 것이다. 자유 토론을 하면서 아이들의 사고가 깊고 넓어지는 것을 느끼는 순간, 교사로서 감동과 뿌듯함으로 절로 미소 짓게 된다. 아이들은 자신의 언어로 어른 못지않게 도덕적 명제에 대한 토론을 역동적으로 할 수 있다.

아이들의 토론을 보면 닭싸움을 연상하게 된다. 한 다리로 지탱만 하는 것 같지만, 때를 기다리며 상대를 관찰하면서도 머릿속은 바쁘게 움직인다. 공격할까 말까 고민하다가 기회가 왔다 싶으면 먼저 툭 쳐 보는 것이다. 그러다가 상대가 나오는 양상을 보고 더 세게 나가거나 뒤로 빠진다. 가장 격하게 붙는 순간에는 다리로 누르기도 하고 치켜 올리기도 하면서 공격과 방어를 한다. 이런 신체적인 게임 못지않게 자신의 경험과 지식, 기술이 총체적으로 나오는 '지성의 스포츠'가 토론이다.


## '용기 사명서' 쓰기


논제에 대해 전체 토론한 후, '용기 사명서'를 쓴다. 작품을 소개하고 논제를 뽑고 토론하며 숙고한 후, 그것을 자기 삶으로 가져오는 것이 진정한 수업의 방향이다. 이를 위해 교사는 다양한 장치를 고민하게 되는데, 나는 주로 사명서를 활용한다.

아이들이 쓴 용기 사명서를 보면, 아이들도 저마다 잘하고 싶은 욕구와 이를 표출하도록 하는 용기라는 에너지를 갈구하고 있음을 느낀다. 용기 사명서는 앞으로 어떻게 용기를 발휘하겠다는 자기 성장을 위한 다짐이다.

아이들이 어떻게 써야 할지 몰라 미적거리거나 고민만 할 때가 있다. 이때 교사는 본보기를 알려 주는데, 유머를 잃지 않아야 한다. 너무 진지하면 아이들은 더욱 부담을 느낀다.

"얘들아, 선배들은 용기 사명서를 이렇게 썼어요. '나에게는 숨겨진 현질의 날개가 있지. 그동안 나는 엄마에게 맞을까 봐 못했지만, 이제는 활짝 펼치리라. 이제부터는 게임 현질<sub>현금을 지르다</sub>로 열심히 아이템 모으기를 적극적으로 실천하리라.'"

그럼 아이들은 와 하고 웃으면서 농담하는 선생님이 무엇을 말하려는지 눈치 챈다.

이밖에도 끼의 날개, 유머의 날개 등 아이들은 저마다 용기를 내야 할 순간을 잘 이해하고 있었다. 아이들이 용케도 용기가 필요한 순간을 잘 찾아내고 있었다.

아이들이 용기 사명서를 쓰고, 스키점프를 소재로 한 영화 《국가대표》의 주제곡인 'Butterfly'를 함께 부른다. 시간 여유가 있다면 가사를 함께 음미할 수도 있다.

아이들과 이 노래를 부를 때마다 마음에 감동이 이는 것은 왜일까? 지금은 수줍고 마치 번데기에 쌓여 잠자는 듯하지만, 무한한 가능성과 꿈을 가진 아이들이, 험난함을 헤치고 세상에서 멋지게 살아갔으면 하는 바람 때문일 것이다. 갈수록 살기 힘들

용기 사명서

(          )초등학교  (        )학년  (        )반  이름:

제목:  (                    )의 날개짓

나에게는 숨겨진

(                              )의 날개가 있지.

그동안 나는 (

                                ) 때문에

못 펼쳤지만, 이제는 활짝 펼치리라.

이제부터 나는 (

                                ) 을

적극적으로 실천하리라!

## 용기 사명서 쓰기

제목: ( 은솔이의 ) 날개짓

나에게는 숨겨진

( 용기 )의 날개가 있지.

그동안 나는 ( 실패의 두려움 ) 때문에

못 펼쳤지만, 이제는 활짝 펼치리라.

이제부터 나는 ( 하고 싶은 것이는 용기있게 도전하기를 )

을 적극적으로 실천하리라!

## 용기 사명서 쓰기

제목: ( 수연여의 ) 날개짓

나에게는 숨겨진

( 놀고픈 마음 )의 날개가 있지.

그동안 나는 (오빠가 공부를 싫어하면서 부모이 베게한 기대를 가셨지) 때문에

못 펼쳤지만, 이제는 활짝 펼치리라.

이제부터 나는 (쉬고 싶은 날은 쉬고 싶따, 놀고 싶으면 놀겠다는 말)

을 적극적으로 실천하리라!

## 용기 사명서 쓰기

제목: ( 윤서의 ) 날개짓

나에게는 숨겨진

( 당당함 )의 날개가 있지.

그동안 나는 ( 소극적이고 조용해 아이들이 당황할까봐 걱정이의가 ) 때문에

못 펼쳤지만, 이제는 활짝 펼치리라.

이제부터 나는 ( 당당함의 날개를 활짝 펼쳐 남들 앞에서 )

을 적극적으로 실천하리라!

## 용기 사명서 쓰기

제목: ( 가영이의 ) 날개짓

나에게는 숨겨진

(창를 덮어주는 따뜻한)의 날개가 있지.

그동안 나는 ( 친구들이 이상한 눈으로 쳐다보거나 놀리기 ) 때문에

못 펼쳤지만, 이제는 활짝 펼치리라.

이제부터 나는 (힘든 친가 있으면 도와주고 나쁜 일을 덮어 주는 것)

을 적극적으로 실천하리라!

아이들이 쓴 용기 사명서

어지는 청년들의 현실을 떠올리면 마음이 아프고, 우리 아이들이 행복하기를, 그들이 발휘하는 용기를 꺾는 시련은 견딜 수 있을 만큼 조금만 주어지기를 바라는 심정일 것이다.

'각자 가지고 있는 찬란한 날개를 펼쳐, 겁내지 마, 너는 할 수 있어, 우리는 믿어,

태양처럼 빛나는 아이들아, 세상이 거칠게 막아서도, 세상이 너희들을 볼 수 있게, 날아올라라'.

## 3~4차시
# 좋은 질문은 아이들의 생각을 깨운다

### 질문 배틀로 사고를 더욱 깊게

"오늘 우리가 만날 책은, 《스갱 아저씨의 염소》<sub></sub>알퐁스 도데 글,
에릭 바튀 그림, 강희진 옮김, 파랑새, 2013입니다." 하며 표지를 보여 준다.
아이들은 알퐁스 도데의 글과 에릭 바튀의 삽화로 완성된 작품
을 만나면서, '스갱'이라는 발음에 웃었다가 표지 그림의 분위기
에 금세 표정이 어두워진다.

"주인공은 누구일까요?"

"아저씨… 아니, 염소요."

"그래요? 그럼 작품의 분위기는 어떨 것 같지요?"

"표지가 어두운 걸 보니, 아무래도 안 좋을 것 같다. 비극 이요."

에릭 바튀가 그리긴 잘 그린 것 같다. 아이들이 보기에 다소 어두운 그림풍이다. 그림이 무섭다는 아이도 있다. 하긴 노을이 지는 하늘을 검붉게 칠해 놓았으니 밝게 느끼기는 어려울 것이 다. 이렇게 책 열기를 하고 이야기 읽을 준비를 한다.

첫 시간 질문 놀이를 위해 아이들에게 작품을 들려주고 질 문을 만든다. 질문은 상중하로 만들 수 있다. '블랑께뜨는 몇 번 째 염소인가요?'라는 하 수준의 질문이 있다. 질문 수준은 각자 낸 문제를 스스로 나누도록 한다. 전 시간의 《뛰어라 메뚜기》를 통해 질문 수준을 경험해 봤기 때문에 아이들이 많이 어려워하 지는 않는다.

아이들은 안내를 듣고 좋은 문제를 만들겠다는 결의에 차서 이야기를 듣기 시작한다.

《스갱 아저씨의 염소》는 《별》, 《마지막 수업》이라는 소설로 유명한 알퐁스 도데의 작품이다.

스갱이라는 이름을 가진 농부의 일곱 번째 염소인 블랑께 뜨는 자유를 찾아 산으로 탈출하고, 농부는 아름다운 블랑께뜨 를 다른 염소처럼 늑대에게 잃고 싶지 않아서 보호한다. 농부 스 갱은 산을 그리워하는 염소를 이해하지 못하고 도망치지 못하게 하려고 외양간에 가두기도 한다.

그러나 자유를 향한 블랑께뜨의 의지는 사그라들지 않고, 마침내 탈출하여 산으로 향한다. 덕분에 블랑께뜨는 산에서 자유를 만끽하고, 아름다움에 대한 찬사도 들으며 아름다운 수컷 산양과 사랑도 나눈다.

불안한 저녁이 찾아오고, 애타게 자신을 찾는 스갱 아저씨의 목소리를 무시하면서 자유라는 이름으로 산에 남는다. 어느덧 밤이 찾아와 다른 염소들처럼 늑대를 만난다. 죽음이라는 운명을 바로 받아들일 것인지, 끝까지 싸워 볼 것인지 번민하다가 새벽까지라도 버텨 보자는 결심 후 늑대와 혈전을 벌인다. 그러나 자연의 섭리대로 블랑께뜨는 아름다운 하얀 털을 핏빛으로 물들이며 새벽까지 싸우다가 죽음을 맞이한다.

이야기를 읽어 주면 아이들은 찬물을 끼얹은 듯 조용해진다. 곧이어 웅성거리며 "어, 이게 뭐야?", "죽었다는 거야?", "비극이야?"라는 반응을 보이며 혼란스러워 한다. 다른 동화와 달리 새드 엔딩으로 끝나는 것에 적잖이 당황한다. 어떻게 느꼈느냐며 이야기를 펼쳐나갈 수도 있지만, 치열한 토론을 위해 당황한 아이들을 모른 척하며 '질문을 만드는 단계'로 넘어간다. 질문을 만든 후 곧 각 모둠은 '질문 배틀'을 벌인다.

아이들이 질문을 만들 시간을 주면서 모둠별로 책을 한 권씩 나누어 준다. 아이들은 책을 들춰 보며 삽화까지 꼼꼼히 살펴본다. 각자 자신이 만든 질문을 다듬고, 다른 모둠과 질문 배틀할 때 어떤 질문을 먼저 할 것인지 질문을 선별한다. 한 모둠에 한 명씩은 꼭 질문해야 하기에 소외되는 학생이 있을 수 없으며 아이들은 질문 선별에 신중을 기한다.

　상대방의 허를 찌르는 질문들을 만들어야 효과적인 배틀을 할 수 있다. 단순히 사실을 묻는 질문, 감정을 묻는 질문, 사건을 묻는 질문, 상징을 파악하는 질문, 상상 질문 등 다양하게 나온다. 각자 질문을 만들고 상중하로 질문 수준을 정하도록 한다. 네 명이 한 모둠을 구성하고, 모둠 안에서 질문의 순서를 정하게 한다. 아이들은 서로의 질문을 들여다보며 질문 순서를 정한다. 이 과정이 끝나면 책을 걷는다. 상은 3점, 중은 2점, 하는 1점으로 상대에게 질문해서 상대가 맞히면 이 점수를 주어야 한다.

　보통 일곱 개 모둠이 서로에게 질문하고 득점한다. 예를 들어 1모둠이 질문한다고 해 보자.

**모둠 지목** "3모둠에게 질문합니다."

**수준 표명** "문제 수준은 중(2점)입니다."

**질문** "블랑께뜨의 구속을 의미하는 상징 세 가지는 무엇입니까?"

　교사는 문제를 낸 1모둠에 2점을 주고, 이 문제를 맞힌 3모둠에게도 2점을 준다. 문제의 답은 '울타리, 목줄, 말뚝'이다. 맞히는 팀이 없으면 낸 팀도 0점이다. 안전하게 1점씩 모아 가는 팀도 있고, 3점으로 과감하게 득점을 시도하는 팀도 있다. 소심함과 신중함, 과감함과 충동성 사이에서 아이들은 성격적 특성을 보인다. 아이들은 서로 전략을 생각하며 질문해 나간다. 모둠별 공격인지라 아이들은 책임감을 가지고 질문을 잘 만든다. 심지어 "블랑께뜨가 늑대와 마주쳤을 때 그림 속의 달은 무슨 모양이었나요?"처럼 그림에 대해 섬세하게 질문할 때도 있다. 질문 수준이 하-하-하로 계속 이어지는 학급도 있다. 이럴 때는 교사인 나도 질문한다. 질문 배틀이라고 아이들에게 그냥 맡기기만 하는 것이 아니다. 교사도 다양한 핵심 질문을 가지고 있어야 한다. "블랑께뜨의 죽음을 암시하는 상징이 있습니다. 무엇인가요?" 놀랍게도 "낮게 나는 매"라고 대답하는 아이가 있다.

질문 만들기 수업의 강점은 무엇일까? 질문을 만들기 위해 아이들은 내용과 의미를 적극적으로 탐색할 수밖에 없다. 또 상대 팀을 공격하는 무기인 질문을 선별하는 과정에서 좋은 질문에 대한 안목을 갖게 된다. 더욱이 온 신경을 집중하여 질문을 들어야 하므로 집중하고 경청하는 태도가 길러진다. 질문이 오가는 과정에서도 아이들은 어느덧 질문 수준을 가늠하는 자기만의 잣대를 갖는다.

"블랑께뜨가 산에서 자유를 만끽하며 비탈길을 굴러 내려올 때, 같이 굴러 내려온 것은 무엇인가요?" 이런 질문에는 아이들이 "그런 것까지 내냐?" 하면서 어이없어 하기도 하지만, 그만큼 집중했느냐를 묻는 것이기에 크게 나무라지는 않는다. 그러나 "스갱 아저씨의 집에서 블랑께뜨의 억압을 의미하는 물건 세 개는 무엇인가요?"와 같은 고차원적인 질문이 나오면 아이들도 서로 감탄한다. 좋은 질문인데 답이 생각나지 않아서 모둠별로 끙

끙대는 모습을 보면 참 귀엽다. 질문 배틀이 지겹지도 않은지 아이들은 다음 시간에도 또 하자며 조르기도 한다.

질문 수업을 하다 보면 학급별로 아이들의 선험적 지식 수준을 가늠할 수 있다. 아울러 아이들의 관심사도 파악할 수 있다. 그러나 이런 진단적인 관점보다는 아이들이 질문을 만들면서 사고가 깨어나고 눈빛이 살아나며 수업에 참여한다는 것이 교사로서 가장 행복한 순간이다.


## 찬반 토론으로 서로의 의견 나누기

### 논제 선정하기

질문 만들기 수업은 '질문을 만들기 위한 것'이 목적은 아니다. 질문을 통해 작품을 좀 더 깊이, 다양하게 이해하는 것이 목적이다. 사고를 유연하게 하고 책을 깊이 있게 탐색하려는 의도가 강하다. 그러나 그것은 일종의 데우기 과정이었다. 한 시간 동안 질문 배틀을 한 후, 작품 전체를 아우를 토론 질문 즉, 논제를 아이들이 찾아 주길 바랐다. 좋은 논제는 그 자체로 매우 아름답다. 많은 이야기를 나눌 수 있고, 설혹 그 답을 바로 못 하더라도 각자 수준에서 고차원의 지적 대화를 나눌 수 있다는 것은 가슴 설레는 일이다.

"이번 시간에는 토론을 할 건데, 이 작품을 통해 만들 수 있는 토론 주제가 뭐가 있을까요?"

시간이 있다면 모둠별로 생각을 나누어 보도록 할 수 있지만, 대체로 시간이 많지 않다. 그래서 전체적으로 논제를 정한다. 감을 잡지 못하는 학급에서는 교사가 적극적으로 제시할 수 있다.

"다른 반에서 나온 논제를 소개할까요? '블랑께뜨의 행동은 용기인가 아닌가?'"

이렇게 제시만 해도 아이들은 자연스럽게 비슷하게 또는 더 확장해서 다른 논제를 제시한다.

각 학급에서 나온 논제는 다음과 같다.


1반  블랑께뜨는 진정한 자유를 얻은 것일까?

2반  염소가 늑대와 싸운 것은 용기인가 무모함인가?

3반  아저씨가 염소를 대한 방식은 보호인가 구속인가?

4반  아저씨는 염소를 보호/사랑한 것인가 학대/구속한 것
     인가?

5반  염소는 자유를 얻은 것인가?

6반  아저씨의 행동은 보호인가 구속인가?

7반  아저씨가 염소를 잡아두는 것은 옳은 일인가?


아이들이 만들어내는 논제들을 대하면서, 대학교 철학 시간에 들은 '자유의지'라는 말이 떠올랐다. '자유의지'는 행동과 의사 결정을 스스로 조절, 통제할 수 있는 힘이나 능력이 인간에게 있는지에 대한 오래된 철학적 물음이다. 종교, 윤리, 과학 등의

관점에서 인간은 전적으로 자유의지를 가지고 있는지, 부분적인지, 아니면 전혀 가지지 못했는지 아직도 논란 중이라고 한다.

자유의지free will와 결정론determinism의 대립은 지금도 계속되고 있다. 나는 내가 교사가 된 것은 분명 자유의지였다고 생각하지만, 한편으로는 나에게 보이지 않는 길이 이미 정해져 있고, 나는 그걸 내 의지라고 착각하며 걸어왔을 뿐인 게 아닌가 하는 생각이다.

이를 테면 내가 자유의지로 교사의 길을 걷기로 결정했다는 여러 정황은 나의 생물학적 특징기질이나 유전에 의한 것이거나 내가 살아온 문화적 환경과 상호작용하며 이것을 선택할 수밖에 없도록 부분적으로 결정되어 있었던 것은 아닐까 하는 것이다. 특히 결혼 생활을 돌아보며 그러한 고민들을 하였다. 교직 생활을 하고 비고츠키를 만나면서 인간은 문화적 영향에서 벗어날 수 없다는 것이 마음에 강렬하게 와 닿았다. 이제까지 인간이 축적해 온 문화와 도구, 그에 속한 사람들과 상호작용하면서 자신이 속한 틀 안에서 성장한다는 것을 가만히 생각해 보면, 그 과정은 자유의지이겠으나 결국 유한한 인간, 문화적인 울타리 속에서 성장하는 인간의 보편적 특성을 보았을 때, 결정론에 좀 더 마음이 기우는 것은 사실이다.

이런 대단한 논제를 6학년 아이들과 논제를 정하는 과정에서 맞닥뜨리게 되다니, 마음이 설레었다. 인성 수업을 통해 철학 수업으로 깊이 있게 들어가는 순간이다. 각 논제에 대한 아이들의 찬반 의견은 이렇게 펼쳐졌다.

## 토론 형태

토론은 일종의 지적 흥분이 필요하다. 나의 의견이 비판받으면, 그에 대한 맞대응과 맞대응을 위한 근거를 찾아야 하기에 흥분할 수밖에 없다. 하지만 그 흥분 상태를 잘 조절하고 논리적으로 대응해야 한다. 그래서 정서적인 조절 또한 필요하다.

모든 교사는 수업 시간에 아이들이 모두 활동에 참여하기를 바란다. 토론은 그나마 아이들이 적극적으로 참여하는 활동임에도 불구하고, 규칙대로 하다 보면 참여하는 아이들만 집중적으로 활동하는 경향이 있다. 그래서 두 팀으로 나누어 토론한다.

나의 교실은 두 줄 디귿자 형태로 자리를 배치했다. 논제 두 개를 아이들과 선정한 후, 첫 번째 논제는 안쪽에 앉은 아이들이 두 번째 논제는 바깥에 앉은 아이들이 3분 정도 각 논제에 대한 생각을 쓰고 찬반으로 나누어 토론한다. 예를 들면, 첫 번째 팀 안쪽 학생들이 '염소가 늑대와 끝까지 싸운 것은 올바른가?'라는 논제를 3분 동안 생각해서 쓴다. 그리고 올바르다는 팀은 오른쪽, 옳지 않다는 아이들은 왼쪽에 앉도록 한다. 가끔 열네 명의 의견 비율이 4:10으로 구성되어 토론하기도 한다. 그것도 나쁘지 않다. 오히려 네 명이 결속해 방어와 공격에 성공하여 이길 때가 자주 있다. 10~15분 정도 핑퐁으로 토론을 진행한다. 토론 과정에서 끝내 말하지 않는 아이에게는 "같은 이유라도 한 번 더 얘기하면 강조하는 것이니 같은 내용을 발표해도 괜찮아."라며 쓴 것을 읽기라도 하라고 권한다. 수줍은 아이들은 입을 떼기가 쉽지 않지만, 그래도 괜찮다. 상대방의 말을 경청하는 것도 참여하

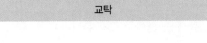

교탁

찬성                                    반대

토론 수업할 때 자리 배치

는 것이니 말이다. 아이들이 토론할 때 뒤에 앉은 아이들은 빨강, 노랑, 파랑 패를 들고 있다가 토론이 끝나면 패를 들어 평가한다. 찬성 측이 잘했으면 파랑, 반대편은 빨강을 든다. 정할 수 없이 팽팽하다면 노란색을 선택하도록 한다.

학급 인원을 반으로 나누어서 논제 두 개를 뽑고, 토론을 두 번 진행하면서 소외되는 아이 없이 모두 참여하는 찬반 토론이 되도록 하는 것은 어렵지 않게 아이들이 수업에 적극적으로 참여할 수 있도록 하는 방법이다.


### 토론1: 자유의지와 결정론

1반과 5반의 논제는 '자유의지'를 다루고 있다. 1반과 5반 아이들의 톡톡 튀는 주장을 실어 보겠다. 아이들은 나름의 자유의지를 어떻게 생각하는지 말이다.


염소는 자유를 얻었다!
• 염소에게는 죽음이라는 틀이 있지만, 그 틀 안에서 지루하게 사는 것보다는 모험하며 즐기는 것이 좋은 경험이다. 최후를 맞더라도 사랑도 해 보았고, 계곡도 보았으며 많은 것을 즐겼으므로 이것은 멋진 모험이자 자유다.
• 블랑께뜨는 자유를 얻었다. 계속 그 울타리에 갇혀 있었으면 그것은 자유가 될 수 없다. 자신이 원하는 것은 울타리에 갇혀 있고, 목줄에 묶여 있는 것이 아니기 때문에 마지막이라도 울타리로부터 벗어남으로써 자기가 원

하는 자유를 얻었다고 생각한다.

- 염소는 자유를 얻었다. 원하는 대로 탈출해서 자신이 원하는 대로 마음껏 풀을 뜯어 먹었고, 밤에는 자신의 각오대로 늑대와 싸우다가 죽었기 때문이다. 무엇보다 저녁 때 마지막으로 스갱 아저씨가 불렀을 때, 늑대가 나타날까 봐 두려웠지만 아저씨에게 가지 않고 미리 각오했기 때문에 자신의 의사대로 싸우고 자유를 얻었다.

- 블랑께뜨는 원하는 자유를 얻었다. 스갱 아저씨의 집을 탈출하여, 하루 동안이라도 자신의 행복을 누렸기 때문이다. 원하는 산으로 가서 계곡도 가 보고 늑대에게 죽기 전에 저항하며 계속 버텨 보기도 했다. 아무리 죽었어도 단 하루만이라도 귀한 시간 동안 여러 가지 활동을 하고 느껴 보았다. 우리를 보면, 아직 어리기 때문에 제대로 된 자유를 얻지 못하고 있다. 가고 싶은 곳도 맘대로 못 간다. 하지만 블랑께뜨는 원하는 곳에 가고, 원하는 일을 했다. 이것은 분명 자유다.

- 자유를 얻었다고 생각한다. 우리 안에서는 안락하지만 마음껏 뛰어놀지 못해서 자유가 없었다. 그러나 밖에는 위험한 늑대가 있다는 스갱 아저씨의 경고에도 불구하고 자신이 선택하여 산으로 탈출하였으므로 자유이고, 또한 죽음마저 자신이 선택하여 늑대와 싸운 것이므로 자유가 맞다.

염소는 자유를 얻은 것이 아니다!

• 염소는 원하는 자유를 얻지 못했다. 염소가 산에서 운 좋게 계속 살았더라도 맨 처음 느꼈던 행복감만큼 계속 행복하지 않을 것이다. 계속 산에 있다 보면 스갱 아저 씨 마당에서처럼 지루함을 느꼈을 것이다. 그것은 자유 가 아닌 욕구라고 생각한다.

• 자유를 얻은 것이 아니다. 탈출하여 물리적인 자유를 얻 었고 뛰놀았지만, 결국 스갱 아저씨의 울타리처럼 산이 라는 울타리에 갇혀 죽은 것은 자유가 아니다. 아울러 정해진 운명 즉, 늑대에게 잡아먹히는 운명에 놓여 있었 기 때문에, 운명을 정할 수 있는 자유는 없었다.

• 자유를 얻은 것이 아니다. 나가서 잠깐의 자유를 얻었지 만, 그것은 자연의 한 면이고, 밤이 되면 천적들이 나타 나는 자연의 무서운 또 다른 면에 부딪혀 죽음을 맞이 했기 때문이다. 따라서 진정한 자유는 없다. 그냥 반항 하는 것일 뿐이다.

토론2: 용기와 무모함

2반은 염소의 행동이 용기인지 무모함인지 토론하였다. 이 논제도 결국 자유의지를 향한 용기인지, 아니면 결정된 운명을 거스르는 무모함인지를 묻는 것이다.

염소의 행동은 용기다!

• 염소의 선택과 행동은 용기다. 죽을 것을 알고 있으면서
도 안락하게 사는 것을 포기하고 새로운 세계로 모험을
떠난 것이다. 도전이라는 새로운 희망을 갖고 싸운 것이
다. 남들과 다르게 자신을 시험하고 위험을 무릅쓰고 자
유를 찾아 나선 것은 도전이며 용기다.

염소의 행동은 무모함이다!

• 이것은 무모함이다. 염소가 늑대를 죽일 수 없다는 것은
자연의 원리인데, 그것을 애써 거스르는 것은 무모함이
다. 예를 들어 편하게 먹이를 먹고 편하게 사는 개가 있
다. 이 개에게 산에 가서 먹이를 잡으라고 하면 잡을 수
없고 오히려 다른 동물에게 잡아먹힐 것이다. 이런 길들
여진 개가 스스로 먹이를 구한다고 지금의 안전을 거부
하고 용기를 내어 산에 무작정 가는 것은 굶어 죽거나
다치기 쉽기 때문에 이것은 용기가 아니라 무모함인 것
이다.

토론3: 사랑과 구속

3, 4, 6, 7반은 스갱 아저씨의 행동에 초점을 두고 논제를 정
했다. 스갱 아저씨의 행동이 보호이며 사랑인지, 아니면 보호를
빙자한 구속이거나 학대인지 논제를 정하고 토론을 벌였다.

스갱 아저씨의 방식은 구속이다! 학대다!

- 구속이다. 블랑께뜨 전에 키우던 여섯 마리 염소를 끝까지 키우지 못했는데도 또 키우고 싶은 욕심에 외양간에 가두어 두기까지 하였다. 그리고 만약 사랑이라고 느꼈다면 아저씨 집에서 행복을 느꼈겠지만, 블랑께뜨는 나가고 싶어 했고, 자유를 원하며 탈출했기에 결국 동물 학대와 마찬가지다. 몇 번은 밖으로 같이 나가 산책이라도 하면 그 노력을 인정해 블랑께뜨는 행복했을 것이지만, 아저씨는 가둬 두기만 했으므로 진정한 사랑이 아니다.

- 아저씨는 염소를 학대한 것이다. 염소들이 계속 산으로 탈출해서 잃어버렸는데도 또 일곱 번째 염소를 산 것은 일종의 집착이다. 블랑께뜨가 산으로 가고 싶어 하는데 아예 방에 가둔 것은 명백한 학대다. 그것도 자물쇠를 두 개나 채우고 말이다. 펄 벅<sub>소설《대지》의 작가</sub>은 어릴 때 단지 중국 아이들과 가까이 했다고 그녀의 아버지가 방에 가두었다. 부당한 감금에 펄 벅은 탈출했다. 이것처럼 답답한 마음에 블랑께뜨는 탈출한 것이다. 따라서 학대다.

- 구속이다. 원래 뛰어 놀아야 하는 염소다. 들판에서 큰 울타리를 치고 있을 수 있지만, 아저씨는 굳이 외양간에 가둬 두었다. 그렇게 함으로써 결국 산에 가게 되었으므로 완전한 보호가 되지 못했고 결국 구속이 된 것이다.

- 구속이다. 사람도 자유가 있어야 하듯이, 염소도 자유를 원하는데, 억지로 외양간에 가둔 것은 구속이 분명하다. 우리도 어떤 공간에 갇혀 있으면 괴롭고, 무서워서 나가고 싶은 마음이 든다. 염소도 그런 마음일 것이다. 우리도 상대방이 싫은 짓을 하면 폭력이듯이, 블랑께뜨가 싫어하는데 가둔 것은 학대가 분명하다.
- 구속이다. 염소도 마당에서 뛰어놀 권리가 있는데, 꼭 집 안에서만 목줄을 묶고 있는 것은 블랑께뜨에게 불편한 일이다. 심지어 말도 제대로 할 수 없는 동물이다. 울타리에 갇혀 있으므로 구속이라고 본다.

스갱 아저씨의 방식은 보호다! 사랑이다!
- 보호다. 산에 가면 사나운 동물에게 다칠 수 있기 때문에 보호한 것이다. 또한 탈출한 블랑께뜨를 찾아다닌 것을 보아도 지켜 주고자 하는 스갱 아저씨의 마음은 분명 안전을 위한 보호다.
- 블랑께뜨가 배신하고 나갔어도 찾으러 다녔다. 구속이었다면 찾으러 다니지 않았을 것이다. 무엇보다 블랑께뜨를 찾는 나팔을 아저씨가 불었을 때, 그 소리를 들으며 염소가 갈까 말까 망설였다. 그동안의 행동이 학대였다면 그런 생각조차 안 들었을 텐데 돌아갈까 망설였으니 아저씨의 행동은 보호였다는 것을 의미한다.
- 아저씨는 염소를 보호한 것이다. 이유는 다음과 같다. 아

저씨는 정말로 사랑을 담아 밥을 주고 청소를 해 주었다. 아저씨가 학대했다면 이런 행동은 하지 않았을 것이다. 우리가 강아지를 여러 마리 키우는데, 그 강아지들이 모두 탈출해서 사라져 버리고 한 마리만 남은 상황에서 우리가 하는 행동은 그 한 마리마저 잃고 싶지 않아서 너무 사랑한 나머지 목줄을 채우는 것이다. 우리도 아끼는 것을 위해 이런 행동을 한다. 이것은 괴롭힘이 아니라 보호다.

• 스갱 아저씨는 블랑께뜨를 보호하였다. 모든 인격체의 자유는 존중해야 하지만, 그렇다고 무한정 자유를 줄 수 없기 때문이다. 왜냐하면 모든 자유에는 책임이 뒤따르기 때문이다. 즉, 스갱 아저씨의 보호를 구속으로 판단하고 산에 가게 한다고 해도 살아 있을 수 있다는 확신을 할 수 없을 때, 모든 책임을 질 수 없는 것에게 무한정 자유를 줄 수는 없다. 게다가 한 생명이 걸린 중요한 일이기에 보호할 수밖에 없다. 스갱 아저씨는 블랑께뜨의 보호자다. 블랑께뜨의 목숨이 위험하다는 것을 알면서도 블랑께뜨에게 모든 것을 맡기고 위험한 상황에서 방관하기만 하는 것이 옳은 것일까?

• 보호다. 사람과 염소는 말로 소통할 수 없다. 만약, 외양간이 없었다면 블랑께뜨는 늑대에게 잡아먹혔을 것이다. 이 책의 결과는 블랑께뜨가 늑대에게 잡아먹힌다. 스갱 아저씨가 그런 비참함을 방지하기 위해 외양간에 잠시

보호해 둔 것이므로 이것은 명백한 보호다.

## 토론은 종합적 인성교육의 시간

토론은 양방의 설전이고 지적 게임이기에 지고 이기는 팀이 있다. 그러나 자유 토론은 입장을 옹호하며 발언하지만, 이야기의 방향이 풍성하게 나오면서 사고가 확장된다. 어른 못지않은 아이들 간의 깊은 생각과 탐구는 내가 꿈꾸는 교실이다. 이런 꿈꾸는 교실을 실현하기 위해 가장 필요한 것은 교사의 역량이다.

아이들의 다양한 사고는 교사에 의해 신장된다. 아이들의 선험적 지식과 지적 수준에 따라 차이가 있기는 하지만, 학급별로 각자의 기저 수준에서 사고가 비약하는 것은 교사의 역량임에 틀림없다. 따라서 교사도 다양한 토론을 경험해 봐야 한다. 연구회나 개인적인 연수로 토론교육 지도를 연마하기 위해 노력하는 교사가 많아지고 있다는 사실은 반가운 일이다. 대부분의 교사는 학창 시절 이런 토론교육을 접해 보지 못하고, 일방적인 설명식 수업에 길들여진 상황인지라 막상 교사가 되어 이런 토론 수업을 진행하려면 남다른 노력이 필요하다. 어쩌면 교사는 예전에 자신이 배웠던 방식의 틀을 깨고, 새로운 교육 방식을 아이들 수준에 맞게 개량·적용하고 실천하는, 늘 깨어 있고 배우는 존재인지도 모른다.

토론 수업 형식은 다양하다. 형식을 그대로 적용하면서 일부가 아닌 다수가 참여하는 토론 수업을 만들기 위해 고민을 많이 했다. 가장 중요한 것은 어느 정도 준비가 되면 실천하는 것이다.

5학년 때 아이들과 4시간 동안 토론했다. 그 이후로 아이들은 토론을 많이 좋아하는 듯하다. 까불다가도 토론이라고 하면 눈빛이 변한다. 설레는 것 같기도 하고, 진지하면서도 대담한 눈빛을 발사한다.

일각에서 요즘 아이들이 깊이가 없고 표피적인 재미만 추구하는 경향을 우려하는 목소리가 있다. 그러나 그 걱정만큼 아이들이 뜻하지 않은 재능을 보여 주는 경우도 적잖이 있다. 아날로그 세대인 나와 달리 디지털 세대인 지금 아이들은 분명 나보다 디지털 기기를 스스럼없이 잘 다룬다. 아울러 말도 참 잘한다. 그러나 깊이가 없는, 말을 위한 말을 거침없이 하는 아이가 많은 것도 사실이다. 아이들의 이러한 특성을 활용하는 수업 방법을 모색해야 한다.

'지적 스포츠'라고 할 수 있는 토론은 대부분의 아이가 즐긴다. 아이들은 토론이 논리를 통해 상대를 설득하거나 제압하는 지적인 스포츠임을 알고 있고, 말과 논리를 통해 재미있는 경쟁을 하면서 지적 쾌감을 느끼는 것 같다.

토론 수업을 하면서, 보석 같은 아이를 발견하기도 한다. 평소에 산만하고 말대꾸를 곧잘 해서 가끔은 교사를 난처하게 만드는 아이도 있고, 도통 수업에 재미를 못 느끼거나 서운함에 화를 돋우는 아이도 있다. 그러나 그런 아이들 중에 토론 시간에 놀라운 말솜씨와 집중력을 보여 주며 반짝이는 아이가 있다. 그 순간 교사로서 감동이 이는 것과 동시에, 그동안 그 아이에 대해 갖고 있던 일종의 편견에 미안해진다. 교사 설명 위주의, 그리고 자율성이 덜 보장되는 수업 속에서 아이들은 산만할 수밖에 없었던 것인데, 공부에 도통 관심이 없다며 나무라는 마음만 가졌었다. 아이들의 지루함과 교사로서의 자책감을 많이 낮추어 주는 교육 방법 중 하나가 토론인 것은 맞다. 토론 시간에 아이들이 보여 주는 지성의 펼침에 환희를 느낀 때가 많고 탐구심이 왕성한 아이가 많은 학급에서의 교육적 효과는 더욱 놀랍다.

토론 수업은 스포츠처럼 철저한 규칙 속에서 이루어진다. 예전에 수석 선생님들과 독서토론 코칭 자격증을 따는 과정에서 실기 시험을 볼 때의 일이다. 짧은 시간에 많은 자료를 찾고 공부했다. 논제의 찬성편이 될지 반대편이 될지 모르는 상황에서 두 입장을 모두 준비해야 하고, 입론주장 펼치기을 맡은 상황이라 주장과 근거를 철저히 준비해야 했다. 양쪽편의 입론을 모두 준비하고 외워야 하는데, 그것도 각 3분 분량으로 맞춰야 한다. 한쪽을 지지하다가 다른 쪽을 지지하는 것이, 심리적으로 불편했다. 하지만 양쪽을 모두 준비하다 보니, 각 팀의 강점과 약점이 보이고, 또 약점을 어떤 논리로 보강해야 하는지 고민하고 연구하는 과정에서 많이 배웠다. 내가 맡은 역할을 제대로 준비하지 못하면 우리 팀이 무너지기에 더 큰 책임감으로 공부하고 준비하게 된다.

이러한 준비와 노력 속에서 나의 역할을 무사히 끝냈다. 하지만 상대방의 반론에 대해서 내가 발언할 차례가 아니기 때문에 입도 벙긋할 수 없었다. 수세에 몰리는 우리 편을 위해 반론을 펴고 싶은 마음이 마음 가득한데 발언 규칙에 어긋나므로 한 마디도 발언할 수 없는 상황에서 얼마나 안타깝고 초조하고 흥분이 되는지, 지금도 그 느낌이 생생하다.

어른인 나도 그러한데, 자기가 하고 싶은 이야기가 있음에도 발언 기회가 아니라서 말을 못 할 때 느끼는 아이들의 초조감이 어떨지 충분히 이해할 수 있다.

가끔 그런 이유로 연필을 바닥에 내동댕이치는 녀석도 있다. "너 지금 뭐하는 거얏!" 하고 바로 쏘아붙일 수도 있다. 하지만 놀란 아이들을 진정시키고 분위기를 수습하는 것이 우선이다. 수습하는 과정도 아이들에게는 돌발 상황을 처리하는 관찰 학습의 기회가 된다. 냉철하게 행동해야 한다.

"토론은 룰이 있다는 것 알지요?"

"…."

"지금 너가 하고 싶은 말이 있는데 바로 말할 수 없어서 초조하고 화가 나는 것은 이해해요. 하지만, 이런 행동은 토론 규칙에 어긋나지요? 토론은 존중의 게임이니까."

"…예."

"조금 있다가 전체 토론 시간이 주어지지? 그때 발언권을 얻어 충분히 말할 수 있을 거예요."

토론을 통해 아이들은 감정을 다스리고 참고 기다리는 정서 지능도 키우게 되는 것이다.

토론대회에서 진행되는 것처럼 토론의 정석대로 진행할 수도 있지만, 운영하다 보면 약간의 변형이 필요하다. 학급을 대상으로 토론을 정석으로 하면, 입론자, 반론자, 최종 주장자 외에는 말을 못할 수도 있어, 방관하는 아이가 생길 수 있다. 따라서 전체 자유 토론 시간을 마련해 아이들이 논제에 대해 한마디라도 의견 제시할 기회를 주어야 한다. 주토론자의 뒤에 있는 아이들을 단순 관찰자나 병풍처럼 앉아 있게 해서는 안 된다. 한마디라도, 설혹 나왔던 주장을 다시 한번 반복하는 입장이라도 자신의 입을 통해 의견을 말하며 참여하도록 해야 한다.

재미있는 토론을 위한 첫 단계는 '논제'를 정하는 것이다. 토론 주제를 제대로 정하는 일에 40분이나 걸리기도 한다. 논제는 아이들이 정해야 의미가 있고, 그렇게 해야 아이들이 적극적으로 참여한다. 자기 삶과 관련된 논제여야 아이들이 호기심을 느끼고, 자료 준비도 열심히 해서 논리를 확보해 간다. 아이들과 수업하면서 나온 논제는 그 시기에 이슈가 된 문제에 따라 달라진다. 어떤 연예인의 개가 엘리베이터에서 이웃 남자를 물어서 패혈증으로 죽는 사건이 한창 화제가 되었을 때, 아이들은 '사람을 문 개는 안락사를 시켜야 하는가?'라는 주제로 찬반 토론을 했었다. '초등학생의 화장을 허용해야 하는가?', '초등학생의 팬클럽 활동을 지지해 주어야 하는가?', '교복을 반드시 입어야 하는가?'라는 생활 밀착형 토론 주제도 있었지만, 가끔 '교실 내 CCTV 설치를 허용해야 하는가?', '동물원을 없애야 하는가?', '식용 개를 허용해야 하는가?', '남자만 군대에 가야 하는가?'라는 다소 묵직한 주제로 토론을 진행하는 아이들도 있다. 기회가 주어지면, 아이들은 자신이 속한 팀을 위해 최선을 다해서 의견을 말한다. 평상시 조용했던 아이들이 토론에 빠져서 자신의 감정을 조절하며 논리적으로 의견을 펼치는 모습을 보면, 그렇게 아름다울 수가 없다.

현재 우리나라 교육은 '인성을 갖춘 창의융합적 인재'를 기르는 것을 목적으로 한다. 토론교육은 다양한 지식을 아울러야 하기에 융합적인 사고를 기를 수 있다. 그리고 유창함, 유연함, 독특성, 이것을 잘 다듬는 정교성이 필요한데, 이것은 창의성의 요소이기도 하다. 아울러 팀워크가 중요하기에 협동, 존중, 용기 등 다양한 인성적인 요소도 기를 수 있다. 우리가 기르고자 하는

찬성측은 고작 4명이여서 조금 걱정이 되었지만, 다른아이들과 팀을 모아서 이겼기에 기분이 좋았다. 그리고 나는 은슬이가 주석으로 앞뒤를 맞추면서 육하원칙으로 또박또박 말하는 모습에 굉장히 놀랐고, 내가 태인이가 하는 말마다 태클을 걸었어서 미안한 마음도 들었다. 어찌되었든 내 의견을 말하는 이 시간이 굉장히 값지게 느껴졌고, 즐겁게 느껴졌다.

반대편이 4명밖에 없었음에도 불구하고 날카로운 반론과 훌륭한 말솜씨로 토론에 이긴것이 정말 대단하다고 생각했고, 여기지 못해서 아쉽기도 하다. 더 많이 반론을 했어야했는데 아까웠다. 책한권으로 이렇게 토론을 할수있다는 것도 신기했다. 나중에 아이들과 책을 정해서 토론해보면 재미있을것 같다. 뒷자리에 앉아서 토론을 보는 것도 재미있었다. 독 팀다 진심인 것 같아서 우열을 가리지 못할정도로 하지만 반론하는 아이들만 계속 반론과 좀 아쉬웠다.

활동 후 소감

62

인간상을 구현하기 위해 모든 교육적 형태를 활용하지만, 토론교육만큼 종합적으로 이루어지는 경우는 많지 않다.

사고의 확장과 수렴이 오고가는 토론, 정말 아름다운 교육 형태다.

# 초등학생에게 진로교육이 왜 필요한가?

## 다양해진 만큼 예측도 불가능한 사회

나는 초등학교 5학년 때 문예반 활동을 했다. 그때 시화전에 낸 두 편의 시가 있었다. 그중 한 편은 '나의 꿈'이라는 시였다. "나의 꿈은 저 보리밭 보리처럼 참으로 많지…"라는 문구로 시작해 내가 되고 싶은 꿈을 잔뜩 써 놓은 기억이 난다. 올림픽 열기가 한창이던 때라서 배드민턴, 탁구 등 해 보지도 않은 운동선수까지 써 넣었다. 선생님은 물론이고, 시인, 작가, 화가에서 사촌언니가 재봉틀로 옷을 만들어 입는 것을 보고 재봉사가 되겠다고도 썼다. 주변에서 겪는 모든 일에 관심을 두면서 그야말로 직업 환상기를 겪은 것이다. 그렇지만 많은 직업이 내 꿈에서 사라지면서도 놓치지 않았던 것은 선생님, 작가, 화가였다. 초등교사의 꿈을 이루었으니 일단 큰 꿈은 이루었고, 화가는 미술교육을 부전공으로 하였으니 어느 정도 욕구는 충족되었고, 이번에 다섯 번째 책을 내는 것이니 작가의 꿈까지 모두 이룬 셈이다. 이렇게 마지막까지 놓지 않은 꿈을 모두 이룬 것을 보면 스스로 대견하다는 생각도 든다.

인성 수업을 시작할 때 주제를 하나씩 정해서 열차 발표릴레이 발표를 하는데, 맨 첫 시간은 자기의 장래 희망을 발표하게 한다. "저는 ○○이 꿈인 ○○○입니다."라는 패턴으로 빠르게 발표한다. 예전에는 교사나 과학자가 많았다면 요즘은 정말 다양하다. 미디어의 영향을 많이 받는지라 이슈가 되는 사람들의 직업을 꿈꾸는 아이들이 등장한다. 반기문 전 UN사무총장이 화제였을 때는 UN사무총장이 되겠다는 아이들이 한 반에 한두 명 있었고, 대통령이 탄핵 대상이 되어 교체될 때는 헌법재판소장, 대통령, 국회의원 등의 꿈을 말하는 아이들도 있었다. 박찬호 선수가 활약할 때는 야구선수, 박세리 선수가 화제일 때는 골프선수, 평창 동계올림픽에서 컬링 경기가 인기일 때는 컬링 선수가 되겠다는 학생이 한 학급에 한둘은 꼭 있었다. 나라가 경제적으로 많이 어려울 때는 '공무원'이 꿈이라는 아이들도 꽤 있었다. 이유를 물으면, 길고 오래간다며 어느 어른에게 들었는지 씁쓸한 대답을 하는 아이도 있었다.

하지만 요즘은 정말 다양하다. 예전에는 과학자나 법률가 등주로 사회적 지위가 높은 직업을 선택했다면, 요즘은 자신이 흥미 있는 분야가 미디어에서 다양하게 다루어지는 모습을 접하면서 관련 직업을 선택하는 학생들이 늘고 있다. 아이돌 가수, 사육사, 소믈리에, 쇼콜라티에, 바리스타, 헤어디자이너, 요리사, 파티셰, 레고빌더, 축구선수, 야구선수, 환경 운동가, 고고학자, 로봇

공학자, 웹디자이너, BJ, 동화 작가 등 정말 다양한 꿈을 말한다. 최근에는 유튜브 크리에이터, 웹툰 작가, 게임 크리에이터 등 자신들이 즐기는 취미를 직업으로 살리려는 아이도 많아지고 있다. 하지만 백수, 건물주, 만수르, 로또 대박 같은 노력 없이 돈 쓰며 살고 싶어 하는 소망을 부끄러움 없이 말하는 아이도 늘고 있다. 초창기에 그런 말이 나올 때는 놀랐고, 두 번째는 안타까움에 "농담이지?" 했지만, 지금은 이게 모두 사회상을 반영한 것이고 어른들의 잘못이라는 생각에 더는 묻지 않았다.

사회가 다양하게 분화되고, 다양성이 존중되는 사회이기는 하지만, 계층의 소득 차가 점점 커지면서 갈등이 심해지고 있다. 더구나 미래의 직업 세계를 생각하면 매우 암울하다. 그러기에 더욱 체계적인 진로교육이 필요하다.

아이들은 우리의 미래이며 우리의 동료다. 우리와 현재를 같이 살며 우리 손에 의해서 우리의 문화로 입문하고 사회화되는 존재지만, 동시에 우리가 살지 못하는 미래를 살 존재들이다. 그들에게 과거의 유산이나 당장 필요한 것들을 체계적인 교육으로 전수해 줄 수 있지만, 미래는 정해지지 않은 세계이기에 어떤 방향으로 가르쳐야 할지 고민이 많을 수밖에 없다. 더구나 지금처럼 변화의 속도가 상상을 초월하는 상황에서는 더욱 그러하다. 지금 가르치는 현재가 과연 가치가 있는지에 대해 사회적인 고민과 논의가 계속되고 있는 상황에서는 더욱 그러하다.

농경사회에서는 그래도 어떤 일을 하고 살면 되는지, 어떤 세상 속에서 내가 살아갈 것인지 예측할 수 있었다. 할아버지와 아버지를 따라다니며 그들의 노하우를 성실하게 배워 나가면 되었으니까. 그러나 할아버지와 아버지의 직업이 달라진 지 오래고, 아버지와 나의 직업도 많이 달라질 것이고, 이제는 그 가짓수마저 애매하다. 평생 선택하게 될 직업의 종류와 양도 예측하기 불가능한 시대가 되었다.

경제적인 개념으로 앞으로의 세상을 표현하고 싶지 않지만, 우리는 미래 사회를 '제4차 산업혁명 시대'라고 말한다. 사물 인터넷, 인공지능, 자율 주행 등 다양한 용어로 설레면서도 두려운 시대다. 어쩌면 설렘보다는 우리의 피조물인 발명품들에 우리가 지배당하는 세상이 오는 것은 아닌지에 대한 두려움이 더 클 것이다. 이 두려움은 가장 약했던 인류가 과학의 발달로 자연계를 지배하며 지구 최고의 포식자가 되어 세상을 통제하며 살았는데, 그 발전이 도리어 우리를 위협하는 상황이 되었다는 점에서 비롯된 것이다. 호기심에 의해, 편리하다는 이유로 더더욱 발전시키고 있는 과학적 발명품들에 의해 인간의 일자리와 인간 존재 자체에 대한 도전을 받는 상황이기에, 아이들의 진로는 물론, 인류의 진로가 걱정스러워졌다.


## 인공지능 시대의 진로교육, 무엇을 가르쳐야 할까?

인간의 가장 위대한 지적 스포츠라고 할 수 있는 바둑의 세계에 인공지능들이 도전장을 내밀었다. 2015년 10월 판후이 2단을 인공지능인 '알파고 판'이 5대 0으로 승리했고, 채 1년도 안 된 2016년 3월에는 우리나라 이세돌 9단이 '알파고 리'와 겨루었지만 4대 1로 패했다. 아직은 인간이 이길 것이라는 자만심 속에서 진행된 경기였지만, 1승이라도 거둔 것이 그나마 다행인 상황이었고 우리에게 충격과 더불어 두려움을 안겨 주었다. 2017년 5월에는 바둑계 최강자 중 한명인 커제 9단 또한 극심한 정신적 와해 속에서 눈물을 흘리며 알파고 마스터에게 3대 0으로 패배하면서 이제 인간의 인지 영역은 인공지능에게 내어주는 상황에 이르렀다.

이제까지 인공지능은 인간이 정해 준 프로그램 속에서 기계적인 시행착오 학습을 통해서 학습해 가는 방식이었다. 그러나 알파고 시리즈들은 딥러닝과 강화 학습으로 스스로 학습하는 3세대 인공지능이기에 우리가 상상하는 학습의 수준을 뛰어넘는다. 즉, 유아기 뇌가 학습하는 원리대로 인공지능이 학습해 나가는 것이다. 처음에는 느리지만, 조직화 과정에서 알고리즘은 빠르게 증가할 것이고, 폭발적인 양의 학습이 가능하게 된다. 다양한 기보를 스스로 분석하며 상황에 대처하는 학습을 24시간 쉬지 않고 한다는 것이다. 16만 건이 넘는 프로기사 기보를 토대로 매일 3만 번의 실전 경험을 쌓으며 스스로 성장하였으니 그 시간을 인간이 따라잡기 어렵다. 물론 176개의 GPU<sub>CPU의 연산 결과를</sub>

그림과 글로 변환하여 모니터 화면에 출력하는 장치. 게임과 멀티미디어가 주목받기 시작하면서 CPU만으로 처리할 수 없어 이를 보조하는 장치로 고안된 3D 그래픽 전용 프로세서로 이루어진 고성능 시스템이 있었으니 가능했을 것이다. 그러나 더 두려운 것은 2017년 10월에 나타난 알파고 제로다. 비용 절감을 위해 기본적인 기보만 가지고 약간의 피드백을 받아 스스로 학습강화학습한 알파고 제로는 이세돌을 이긴 '알파고 리'와 겨루어 100대 0으로, 알파고 마스터에게 89대 11로 승리했다. 이 인공지능들은 바둑만 한다는 것이 그나마 다행이다. 그러나 인지 영역에서 인간의 고유한 재능을 따라잡는 것은 이제 시간문제가 되었다.

몇 년 전에 초등상담을 연구하던 선생님들과 "도대체 이제 우리 아이에게 무엇을 시켜야 할지 모르겠다"며 걱정스럽게 이야기를 나누었다. 각각 교육학, 상담교육에 일가견이 있는 현직 교사였지만, 정작 아이들에게 무엇을 하고 살면 된다고 자신 있게 말할 수 없다며 애로 사항을 이야기했다. 그중에는 어릴 때부터 프로 바둑 기사를 꿈꾸며 바둑에 매진하는 외아들을 둔 동료 교사도 있었다. 비슷한 세대의 아이들을 자녀로 둔 부모 입장에서도 그렇고, 학교에서 아이들을 가르치는 교사 입장에서도 자괴감이 느껴질 정도의 기억이다.

어쩌면 이 글을 읽고 있는 우리 대부분이 아날로그 세대이기 때문에 더욱 두려움이 큰 것일 수 있다. 지금의 아이들은 우리와는 다른 세계를 가지고 있고, 그 세계가 현세계보다 더 광대하고 익숙하다는 것이다. 가상세계와 현실세계의 구분이 모호해지고 있으며, 오히려 지금의 청소년은 가상세계에서 자신의 정체성을 더 잘 찾는다. 아이들은 신세계에서 자신에 더 몰두하고 탐색하는 것을 편안해하는 시대인 것이다.

이후에 이야기 하겠지만, 진로교육에서 가장 중요한 것은 자신의 정체성을 알아 가는 것이다. 내가 누구인지를 자신의 관점과 다른 사람들의 관점에서 인식하고, 무엇을 하고 어떻게 살아갈지에 대해 고민하고, 결정하면서 시간과 에너지를 쏟는 것이다. 이것이 정체성 정립이며, 에릭 에릭슨Erik Homburger Erikson과 제임스 마르샤James E. Marcia가 말한 청소년의 가장 중요한 발달과업이다. 이를 위해 우리는 부모, 또래, 교사, 지역사회와 상호작용하며 자신을 정립한다. 그러나 우리 아이들은 자신의 정체성을 탐색하며, 안전하게 시험하는 것을 가상현실에서 실행한다. 오히려 전 세대보다 대담하고 모험적으로, 다양하게 자신을 탐구하며 자신의 정체감을 확립해 가고 있다. 그런 점에서 다가오는 미래, 특히 가상세계를 우려하기보다는 그 세계를 인정하고 아이들을 이해하며, 그 속에서 우리가 무엇을 선택하고 집중해야 하는지 사회적으로 고민해야 한다.

그런데도 우리는 여전히 아이들에게 진로교육하는 일에 당황한다. 왜일까? 안정적인 직업을 갖도록 하는 것을 직업교육으로 갈음하는 편견이 있어서다. 입 밖으로 내지는 않지만, 무엇을 하며 먹고 살아야 하는지가 중요하다고 생각하고, 아이들에게 안정되고 편안하게 사는 방법이 무엇인지 알려 주어야 한다는 압박감 때문일 것이다. 나 역시 두 아이가 제대로 된 직업을 갖고, 하고 싶은 일을 하면서 행복하게 살았으면 하는 바람이다.

그러나 제대로 된 직업이라는 게 대체 뭘까? 아이들에게 무엇을 하고 살아야 하는지에 대해서 여러 가지 정보를 주려고 노력하지만, 정작 미래의 진로교육은 무엇이 아니라 어떻게 살아야 하는가, 즉 적응의 문제지 단순한 직업교육이 아니라는 것이다. 우리 아이들은 잡노마드Job nomad 세대다. 한 직업에 평생을 바치기보다는 기대수명 150세까지 다양한 직업을 경험해야 하기 때문에, 안정적이고 편한 직업을 평생 가지라고 말하기가 어렵다.

> 2030년경 사람들은 평생 동안 최소 여섯 번 이상 직업을
> 바꾸게 될 것이다 - 세계미래보고서 2055
> 제4차 산업혁명으로 일자리 710만 개 멸종(현재의 50%
> 사라짐), 2200만 개가 생성될 것이다. - 2016년 다보스포럼

직업의 종류는 많아졌지만 소멸하는 직업과 탄생하는 직업이 빠르게 변하고 있고, 직업의 세대 간 전수가 줄어든 상황도 문제지만, 자신의 꿈에 대해 긍정적으로 말해 주는 사람이 드문 것도 아이들의 불안을 자극한다. 비교적 안정적으로 생각하던 의사라는 직업도 개원하고서도 손님이 없어 망하는 경우도 많고, 인공지능 의사 '왓슨'이 등장해 병 진단의 정확성이 명의를 앞서고 있어 인간 의사의 존립까지 위협받고 있다. 안정성 때문에 인기 있는 교사라는 직업도 달라진 아이들과 학부모, 교권위상의 문제로 애로 사항이 많은 직업이 되고 있다. 어려운 법률 공부를 해서 사법고시를 합격하고도 한 달에 100만 원도 벌지 못하는 변호사도 많다는 풍문이 돈 지도 오래다. 예전과 달리

특정 직업군에 편입하는 분명한 법칙도 사라지는 것 같다.

이러한 불안을 다양성, 개방적인 시대의 특징으로 볼 수 있지만, 자원도 부족하고 인구밀도가 높은 우리나라에서 이러한 불안은 안정적인 직업으로 가는 진입 장벽을 높이는 일이다. 공무원, 교사, 대기업 사원의 경쟁은 대학입학 경쟁에 비할 바가 못 된다.

《열두 발자국》정재승 지음, 어크로스, 2018이라는 책을 보면, 현재의 직업이 사라지는 것이 아니라 각 직종마다 요구되는 것이 달라진다는 내용이 나온다. 즉, 왓슨이라는 의사는 진단의 신빙성을 높여 주는 참고인일 뿐이다. 의사는 환자를 대하면서 그의 건강뿐만 아니라 불안이나 치료 과정 등을 설명하는데, 환자의 수준에 맞게 그 환자의 정신적인 강도에 맞게 의사소통해 주는 의료 서비스가 중요하게 된다는 것이다. 따라서 앞으로 요구되는 의사의 중요한 자질은 공감과 소통 능력일 것이다. 마찬가지로 어느 직업이든 통찰과 소통이 중요한 역량이 될 수밖에 없다. 따라서 진로교육은 인성교육과 맥을 함께해야 한다.


## 인생 주기마다 찾아오는 정체성 유예 기간

내가 대학에 입학할 때는 지금처럼 교대에 들어가려는 학생이 많지는 않았다. 여러 이유가 있었겠지만 그때는 교사가 되고 싶다는 순수한 꿈으로 교대에 들어온 사람이 많았던 것으로 기억한다.

　요즘은 교대생의 학력 수준이 내가 입학하던 시기보다 매우 높아져서 특목고, 외고 출신들도 심심찮게 본다. 아울러 원하는 대학교의 학과에 가지 못해서 차라리 안정적인 직장이라도 얻고 보자는 심정으로 교대에 들어온 학생도 생각보다 많다. 세상은 불확실하고 이런 상황에 학생들도 현실적인 선택을 하는 것일 테다. 모든 것이 풍족한 것 같아도 3포 시대, 5포 시대라고 불릴 정도로 꿈꾸기조차 어려운 시절이다. 2010년에는 베스트셀러이던 《아프니까 청춘이다》가 10년도 채 못 되어 비판의 대상이 될 정도로 세상은 살기 어려워지고 각박해졌다. 이런 상황에서 '너희는 왜 꿈꾸지 않는가?', '왜 이렇게 헝그리 정신이 없는가?'라고 타박하는 것은 변화된 세상을 모르는 꼰대의 잔소리일 뿐이다.

　먹고 살기 어려운 세상이 되었다는 것, 직업 안정성이 위협받고 있다는 사실은 우리나라 공무원 열풍에서도 찾아볼 수 있다. 《명견만리》라는 TV 프로그램에서 〈40만 공시족 정답을 묻다〉라는 강의는 매우 인상적이었다. 공무원 준비생 40만 명의 시대, 이중에서 2015년도 응시생 22만 명 중 합격자는 4000명, 나머지는 21만 6000명이다. 많은 사람이 꿈꾸는 대기업에 취업하려면 단순히 공부를 잘하는 것을 넘어서 많은 스펙을 요구받는다. 학벌, 학점, 토익, 어학연수, 자격증, 공모전 입상, 인턴 경력, 사회봉사, 성형수술이 대기업 취업을 위한 9종 세트로 회자될 정도로 안정된 직업을 얻기 위한 경쟁은 더욱더 치열해지고 있다.

그런데 아이러니한 것은 이렇게 힘들게 준비해 입사한 대기업 퇴사율이 높아지고 있다는 것이다. 좋은 대기업을 퇴사하고 퇴사학교를 설립한 사람이 한 말은 매우 의미심장하다.

"제가 퇴사하고 나서 1년 동안 많이 깨달은 것이 하나 있는데… '나 자신에 대해 아는 게 가장 중요하구나'였어요. 자신에 대해 잘 모르면 퇴사든, 회사 다니든, 이직이든, MBA든, 연봉이 높든 행복하지 않거든요."

덜 잘 먹고 덜 폼 잡더라도 자기가 하고 싶은 일, 내가 행복해질 수 있는 일을 찾는 것이 중요하다는 뜻이다. 한번 선택한 회사는 내 가족의 생계를 위해, 사회인으로서 제대로 기능하기 위해 참고 끝까지 가는 것이 모범적인 행동으로 인식되던 이전 세대와는 확실히 가치관이 다르다.

그동안 '직업을 얻어 생활한다'는 것은 생계유지와 직업을 통해 자아실현을 한다는 뜻이었지만, 이제는 자기 자신을 찾고 자신에게 맞는 길을 찾는 것, 진정한 자아실현에 있다는 인식을 갖는 사람들이 늘어나고 있다. 미래의 행복이 아닌 현재의 행복을 위해 살며, 미래를 위해 현재를 희생하지 않겠다는 생각이다.

기회가 있어 서울의 한 교육대학원에서 교육심리학을 강의하고 있다. 그런데 성격발달 이론에서 마르샤의 정체성 발달 이론을 함께 논의한 후 받은 어떤 예비교사의 소감문은 인상적이었다.

본인은 이제까지 사춘기를 겪은 적이 있나 싶게 평탄한 삶을 살았고, 부모님의 따뜻하고 전폭적인 지지 속에서 서울의 유명한 외고를 나와 유명한 여대를 거쳐 부모님이 소개해 준 남자와 사귀다가 결혼하고 아기를 낳고 잘 살고 있었단다. 두 아이를 친정어머니가 거의 돌봐 주다시피 하고 본인은 육아에서도 지원 세력이 많아서 그렇게 힘들지 않게 살아왔단다.

그러던 어느 날 삶이 왠지 지루해졌고, 외고 출신으로 공부하는 것이 어렵지 않기에 교사가 될 생각으로 교육대학원에 들어왔고 그 과정에서 교육심리학을 수강했다는 것이다.

그런데 강의를 들으면서 내내 불편한 마음이 들었고, 에릭슨의 인간발달 이론과 마르샤의 정체성 이론을 들으면서 정점을 찍었다는 것이다. 문득 나는 누구인가라는 생각이 들며, 도대체 스스로 뭔가를 결정하고 산 적이 있던가 하는 생각에 평탄한 삶에 대한 의구심이 들었다고 한다.

진정한 정체성은 자신에 대한 고민, 무엇을 하고 어떻게 살 것인가에 대해 고민하는 정체성 유예 단계를 거쳐서, 헌신할 대상을 찾아 몰두하며 획득하게 되는데, 본인의 인생에 그런 과정이 한 번도 없었다는 것이다.

부모님이 마련해 준 대로 어렵지 않게 살아왔고, 결혼도 부모님이 권하는 대로 사랑이 뭐 그러려니 하고 했고, 아기도 주변에서 둘은 낳아야 한다고 해서 둘을 낳고 살았단다.

그렇게 심심하면 전공을 살려 교사라도 해 보라는 부모님의 권유로 시작한 공부인데, 문득 본인이 정말 이 길을 원했던가 싶은 생각이 든다고 했다. 나는 부모님의 꼭두각시가 아닌데, 부모님이 마련한 길을 그대로 따라오면서 정작 자신이 누구이고 어떤 욕구를 가지고 있는지 모르고 살았다는 것이, 부모님이 아시면 무척 서운할 일이지만, 억울해 잠이 오지 않았다는 것이다. 이제 본인은 '정체성 상실'이라는 것을 깨닫게 되었고, 이제라도 부모님으로부터 정신적으로라도 독립해야 한다는 것을 이해했다는 것이다.

이 사연을 들으면 '너무 늦은 것이 아닌가? 두 아이 엄마인데 이제야 정체성 탐색이라고?' 생각하겠지만, 우리나라 여성 중 '정체성 유예'도 아니고 '정체성 상실'의 단계에 머문 사람이 꽤 많다. 여성이 차별을 많이 받고 경직된 문화 환경에서 이런 현상은 더욱 두드러진다. 우리가 과연 진정한 정체성 획득을 위해 얼마나 고민했는지, 과연 정체성 유예 단계의 고민을 거쳤는지 생각해 볼 일이다. 물론 정체성은 한 번 획득했다고 끝나는 것이 아니다. 인생 주기별로 '정체성 유예'는 계속 찾아오고 그때마다 또 다른 나를 발견하고 또 다른 삶을 살 수 있다.

이런 우리가 아이들에게 진정한 진로교육을 한다는 것은 무엇을 의미할까? 결국 발달 단계별로 자신을 알고 이해하는 과정이 진로교육의 시작이 될 것이다.


## 초등 진로교육은 곧 생애 설계 교육의 바탕

진로進路란 앞으로 나아가는 길, 앞으로의 삶의 방향이다. 그렇다면 진로교육은 삶의 방향을 스스로 찾도록 탐색의 기회를 주는 과정일 것이다. 그러니까 진로교육은 '직업교육'이 아니라 '생애 설계 교육'으로 다가가야 한다. 초등학교는 더욱 그러하다. 내 삶의 방향을 어떻게 잡고 살아가야 하는지 성찰하려면 마음의 힘이 있어야 하는데, 이를 길러 주는 것이 진정한 진로교육의 시작일 것이다.

생애 설계를 위해 어떤 방향으로 접근해야 하는지는 사람마다 다를 것이다. 교사들은 진로교육에서 무엇을 가르칠지 고민이 많다. 아마 국가 차원에서도 고민이 많을 것이다. 이런 고민 때문인지 국가직무능력표준National Competency Standards이 만들어졌다. 현장에서 직무를 수행하기 위해 요구되는 능력을 국가가 체계화한 것인데, 이 사이트에 들어가면 직업별로 직무 수행에 필요한 조건들이 제시되어 있다. 그러나 여기서 주목할 것은 직업 기초 능력이다. 모든 직종을 망라하는 공통적인 능력이다.

NCS 직업 기초 능력
- 의사소통 능력:문서 이해 능력, 문서 작성 능력, 경청 능력, 언어구사 능력, 기초 외국어 능력
- 자원 관리 능력:시간자원 관리 능력, 예산 관리 능력, 물적자원 관리 능력, 인적자원 관리 능력
- 문제 해결 능력:사고력, 문제 처리 능력
- 정보 능력:컴퓨터 활용 능력, 정보 처리 능력
- 조직 이해 능력:국제 감각 능력, 조직 체제 이해 능력, 경영 이해 능력, 업무 이해 능력

- 수리 능력 : 기초 연산 능력, 기초 통계 능력, 도표 분석 능력, 도표 작성 능력
- 자기 개발 능력 : 자아 인식 능력, 자기 관리 능력, 경력 개발 능력
- 대인 관계 능력 : 팀워크 능력, 리더십 능력, 갈등 관리 능력, 협상 능력, 고객 서비스 능력
- 기술 능력 : 기술 이해 능력, 기술 선택 능력, 기술 적용 능력
- 직원 윤리 : 근로 윤리, 공동체 윤리

미래 사회에 대비해 교육에서 길러 줘야 하는 덕목을 집약하고 정리한 것이다. 참고로 2015 개정 교육과정에서 말하는 여섯 가지 역량은 자기 관리 역량, 지식정보 처리 역량, 창의적 사고 역량, 심미적 감성 역량, 의사소통 역량, 공동체 역량이다. 기르고자 하는 역량과 직업 기초 능력은 접점이 많다.

진로교육은 이러한 역량을 키워 주는 교육이며 이것은 인성교육과도 연결되어 있다. 그러나 이런 역량 교육은 어느 날 갑자기, 단기간에 기를 수 있는 것이 아니다. 유치원부터 고등학교, 심지어 대학교까지 교육과정 내내 꾸준히 다양한 교과를 배우고 활동하면서 서서히 기르는 것이다. 나도 지천명의 나이를 앞두고 있지만, 이런 역량에 스스로 도달했다고 생각하느냐는 질문을 받는다면 자신이 없다.

'널리 인간을 이롭게 한다'는 홍익인간이 우리나라의 교육

목적이고 이를 실현하기 위한 세부 계획이 바로 진로교육이 아닌가 싶다. 죽을 때까지 배우고 깨닫는 인간으로서 숙명의 방향타, 따라서 교육의 방향이라고 이해하는 것이 좋을 것이다. 결국 초등 진로교육은 아이들의 발달 단계에 따라 차근차근 이루어가는 생애 설계 교육이라는 정의로 다시 돌아온다.

인간 발달과 관련된 가장 기본적인 이론은 에릭슨의 발달이론일 것이다. 에릭슨은 인간 발달 전반을 다뤘는데, 각 발달 단계에서 우리가 무엇에 집중해야 하는지를 안내한다. 특히 초등학교 시기는 '성실성과 유능감'의 시기다. 이 시기에 학교 교육을 본격적으로 받기 시작하면서 과업성실성을 획득해야 한다. 적절한 도전 과제과 교사와의 약속이라고 할 수 있는 숙제를 하면서 격려받고 칭찬받으면서 '나는 할 수 있다'는 유능감을 획득하는 것은 매우 중요하다. 이것을 제대로 획득하지 못하면 열등감을 느끼고, 심할 경우에는 학습된 무기력에 빠진다. 학습에 흥미를 갖고 지적 호기심을 키워 나가며 인지 발달 및 평생 학습 습관을 형성해야 하는 시기에 성취감을 느끼지 못하고 자기 능력을 불신하게 되는 순간, 학습자로서 평생의 자산을 놓치게 된다.

이런 시기에 교사나 부모가 해 주어야 하는 일은 무엇일까? 기본적인 학습 습관을 길러 주고, 지적 호기심을 고양해 주어야 한다. 적절한 과제를 줌으로써 자신이 해낼 수 있다는 성취감을 기르도록 배려하고 기회를 주는 것이 가장 큰 임무다. 너무 쉬운 과제를 주거나 너무 어려운 과제를 주어서 열등감을 가진 아이로 성장한다면 큰 불행일 것이다.

진로교육은 보편적으로 아이가 성취해야 하는 발달 과업에 도달하도록 교육하고 배려하는 것에서 시작되어야 한다. 아울러 중학교 시기부터 시작되는 정체성 획득을 위해서도 아이가 성실성 및 유능감을 갖도록 하는 것은 모든 진로교육의 기초가 된다. 그동안 이러한 발달 과업 획득을 위한 탐색은 학교나 가정이라는 오프라인 공간에서만 가능했지만, 지금은 가상공간에서도 이루어진다는 것에 주목해야 한다. 게임이나 유튜브 크리에이터, 1인 방송인으로 활동하는 아이가 늘고 있다.

　　게임 속에서 아이들이 얻으려는 것은 여러 가지가 있다. 현실에서 느끼는 것 이상의 재미, 함께한다는 유대감, 그 속에서 얻는 우월감이다. 예전에 가르치던 학생 중 친구들과 잘 어울리지 못하고 늘 스스로 고립되어 선택적 함묵증을 보이던 아이가 있었다. 어떤 이유로 그 학생과 대화를 하다가 결국 그 아이가 한 게임에서 거의 여신으로 추앙받고 있다는 것을 알았다. 현실에서 얻지 못하는 우월감을 아이는 게임 속에서 대리만족했으며, 게임에 접속하는 순간 열등감에서 벗어날 수 있었다. 정도의 차이는 있지만, 많은 아이가 게임에서 추구하는 것이다. 아이들이 게임 캐릭터를 꾸미기 위해 큰돈을 들이는 것도 결국 게임 속에서 유능해 보이려는 욕구에서 비롯된 것이다.

　　문제는 아이들의 가상현실 세계가 넓어졌다고 하더라도 현실을 살아가야 한다는 것이다. 현실과 가상세계 모두에서 유능감을 얻는다면 좋겠지만, 현실 도피 수단으로 게임에 탐닉하는 것은 이해는 하지만 장려할 수는 없다. 게임은 가상세계이고 현실은 여전히 존재하며 우리가 사는 곳이기 때문이다. 게임 산업이 'E-Sports'로 각광받고, 아이들의 희망 진로 1순위가 되는 것을 꼭 우려의 시각으로만 볼 수 없다. 문제는 취미로 시작한 것을 직업으로 선택할 때 겪어야 하는 통과의례와 이후 삶에 대한 성찰을 아이들에게 알려 줘야 한다.

게임과 더불어 최근 아이들의 장래희망 1순위에 각종 크리에이터가 오르는 것도 결국은 타인에게 자신이 가지고 있는 무엇인가를 보여 주며 '좋아요!'라는 반응과 많은 구독자를 얻고 싶어하는 욕구를 반영한다. 이제는 유튜브에 자신의 재능을 공개하는 사람이 워낙 많고 제공하려는 콘텐츠도 다양해서 '유튜브는 위험하니 하지 말라'고 하면 세상 물정 모르는 어른으로 낙인 찍히기 쉽다. 그러나 사이버 공간은 워낙 다양한 사람이 익명으로 이용하기에 나의 선의가 악의로 둔갑되기도 하고, 자신의 정보가 원치 않는 방향으로 공개되거나 악용될 수도 있으며, 현실에서와 마찬가지로 다양한 범죄의 대상이 되기 때문에 이 지점에 대해서는 아이들과 짚고 넘어가는 것이 좋다.

최근 초등학생 BJ도 많이 등장하고, 엄청난 수입을 얻는 1인 방송인이 늘고 있다. 그러나 그 내용이 매우 원색적이고 폭력적이라는 의견이 많다. 사람들의 시선을 끌기 위해 더욱 자극적인 내용으로, 해서는 안 되는 것까지 하면서 돈을 버는 것이 과연 올바른 것인지에 대한 가치 교육이 필요한 시점이다. 아울러 진정으로 많은 구독자를 이끄는 유명 크리에이터들은 내용을 개발하기 위해 끊임없이 공부하고 있다는 것을 아이들에게 알려 줄 필요가 있다. 이 세상의 모든 성공은 거저 얻는 게 아니라는 것을 '뿌린 대로 거둔다'는 말로 인식시키는 것이 중요하다.

아무리 세상이 다양하게 변해도 인간으로서 존엄과 존중은 잃지 말아야 한다는 것을 알려야 한다. 인공지능 시대에 우리가 지켜야 할 것은 따로 있다. 예전에는 인지적인 우월함으로도 크게 사회에 기여하고 출세도 할 수 있었다. 그러나 이제 인지 능력은 인공지능이 훨씬 탁월하다. 교육부에서 기르고자 하는 인간상이 '창의 융합적 인간'인 것은 괜히 나온 말이 아니다. 내가 탁월함을 보이는 영역을 다른 학문과 융합하여 새로운 것을 만들어 내는 것에 익숙한 인간상을 사회가 요구하고 있다. 단순히 물리적인 결합이 아니라, 자신이 깊이 연구한 영역의 시선으로 다른 학문과 세상을 바라보고 연결하는 것은 매우 중요한 역량이 되고 있다. 그래서 의사소통 역량이 크게 강조되는 것이리라.

창의적이고 융합적인 사고는 '인간의 보편성'을 기반으로 한다. 단순한 기괴함, 사람을 해하는 것이 창의성이 아니다. 연구자들이 말하는 창의성이란, '인간에게 유용하고, 보편성을 잃지 않은 것'이다.

언젠가 6학년 아이들과 자신이 존경하는 인물을 이야기할 기회가 있었다. 자폐 스펙트럼 상에서 경계에 있을 법한 행동을 보이는 한 여학생이 있었다. 표정이 없고, 주변 사람들과 상호작용하는 것이 어려워 보였다. 한번 마음에 안 들면 교사나 친구의 어떤 질문이나 요구에도 반응하지 않고, 심지어 한두 시간 그 자리에 우뚝 서서 꼼짝도 하지 않았다. 말을 듣지 않으니 억지로 팔이라도 잡아당겨 자리에 앉혀야 할 판인데, 그러다가 아동학대라는 말을 들을까 두려워 몇 번 권하다가 스스로 자리에 앉기를 기다리는 상황이 종종 있었다. 그 아이가 웬일인지 그날따라 존경하는 인물을 자신 있게 발표했다. 지슬라브 백진스키Zdzislaw Beksinsk였다. 폴란드 출신의 '환시미술' 대가로, 그림 분위기는 기괴하다. 괴기스럽고, 우울하며, 구체화된 사물이 아닌데 황량함, 음산함, 두려움을 전해 주는 연작 그림을 남겼다. 이 아이 덕분에 그의 그림을 인터넷에서 찾아보면서, 아이의 내면을 이해함과 동시에 나도 우울해졌다.

백진스키는 '나의 그림엔 아무런 의미가 없다'고 말하며 타인의 집요한 분석 및 해석을 거부했다고 한다. 제2차 세계대전을 겪고, 아우슈비츠 포로수용소 근처 학교를 다녔다고 하니, 그의 기질이 어떻게 형성되어 갔는지는 미루어 짐작할 수 있다. 그 여학생은 백진스키의 몽환적이고 우울하며 기괴함 자체에 매료되었는지도 모른다. 그가 이런 그림을 왜 그렸을까 생각하면서 그가 살았던 시대적 상황을 떠올리니, 내면의 고통이 느껴졌다. 화가는 그 고통을 환시미술로 표현한 것이겠지. 그가 말하고자 했던 것, 말로 표현할 수 없는 고통과 두려움을 시각적으로 표현했고, 그러한 의미가 담긴 창의성임을 깨닫게 되었다.

이런 나의 생각과 달리 그 여학생은 그냥 기괴함을 좋아하는 것 같았다. 여학생 입장에서는 기괴하지만 자신의 내면세계와 비슷한 다른 누군가가 있다는 것이 반가웠을 것이고, 그 자체로 위로가 된다는 점에서는 가치가 있는 것이리라. 백진스키의 그림은 영화 〈에일리언〉 시리즈의 모티프가 되기도 했단다. 비록 그의 그림은 기괴하지만, 인간의 우울, 두려움, 불안, 잔인함 등을 묘사했다는 점에서는 보편적이고 창의적이다.

여기서 한 발짝 더 나아가 창의성에 대해 좀 더 설명하겠다. 창의성은 다른 사람에게 정교하게 드러내야 한다. 뒤죽박죽 흩어져 있고, 형체가 없는 아이디어를 구체화하고 정교하게 드러낼 때 우리는 창의적이라고 한다.

이런 창의성이 인공지능 시대에 새삼 강조되는 것은, 인간의 정신 영역은 무한하며 미지의 세계기 때문이다. 무한한 영역 중 인지 영역을 대체할 만한 인공지능이 서서히 만들어지고 있는 것이다. 인간의 정신을 구성하는 정서나 도덕성, 가치의 영역을 인공지능으로 구현하는 것은 아직 요원하다. 인간의 품성, 도덕성, 올바른 가치관, 정서는 인공지능이 아직 범접할 수 없는 인간 고유의 영역이다. 물론 이 영역에도 인공지능 연구자들이 도전하고 있다.

자율 주행차의 예를 들어 보자. 차가 많이 망가지더라도 사람을 피할 것인지, 주인의 고가의 차를 구하기 위해 무단횡단 하는 사람을 그냥 칠 것인지 고민하는 위급 상황이 있다고 하자. 이런 상황에 대한 판단은 결국 인간이 인공지능에 주입해야 하는 매뉴얼이다. 이것을 위해 우리는 흔들리는 가치관을 다시 점검해야 하고, 도덕적 딜레마들을 더 깊이 사유해야 한다. 인공지능이 스스로 도덕 및 가치 판단을 하는 날이 언젠가 올지도 모른다. 그때 우리는 과연 우리가 인간인가에 대해 인간보다 더 인간다운 인공지능을 보며 고민할 수밖에 없을 것이다. 그러나 인간으로서의 이러한 우월감을 비웃듯 표현한 영화가 있다.

어린 시절 본 《블레이드 러너》1982는 나에게 적잖이 충격을 주었다. 인간처럼 생긴 리플리컨트들이 반란을 일으키고, 이 리플리컨트를 없애는 역할을 맡은 사람이 블레이드다. 인간보다 감성적인 리플리컨트와 사랑에 빠지는 주인공 블레이드도 충격적이었지만, 빗속에서 주인공과 리플리컨트 대장이 싸우는 장면이 더 인상 깊었다. 빗속에서 시를 읊고, 인간인 블레이드를 살려주면서 마지막 죽음을 맞는 리플리컨트 대장을 보며 아름다운 감수성과 도덕성을 지닌 그를 대체 가능한 리플리컨트로만 바라보아야 하는지 마음이 복잡했다. 사이보그 인간이 인간보다 더 인간적일 수 있다는 상황이 어린 마음에도 충격이었고, 인간성에 대한 혼란이 들었다.

어쩌면 인공지능 시대에 우리가 두려워해야 할 것은, 인공지능의 지적 능력이 인간을 앞서는 것보다는 인간보다 더 인간다워지는 시대를 경계해야 할 것이다.

시대가 변해도 인간으로서 가져야 할 감수성과 가치관을 아이들에게 더욱 강화하여 알려 주어야 할 것이다. 갈수록 인간다움을 잃어가는 아이가 늘고 있다. 프로메테우스가 제우스의 명령에 쫓겨서 급하게 만든 사람이 있다. 급한 마음에 동물들을 사람으로 다시 빚어서 사람으로 세상에 내보냈다는 것이다. 짐승의 마음을 가진 이런 사람들이 분명히 있다는 것을 빗댄 신화의 내용이다.

우리는 신화 속 프로메테우스처럼 우리와 닮은 인공지능을 만들려고 한다. 이런 때 우리가 지켜야 할 가치에 대해서 아이들이 공감할 수 있도록 의견을 나누고 공유하는 것이 진로교육의 첫 단계가 되어야 할 것이다. 즉, 진로교육은 우리가 누구이고 내가 누구인지 인식하는 과정, 우리가 지향할 가치가 무엇이고 어떻게 사는 것이 인간다운 삶인지 사색해 보는 과정으로 나아가야 한다.

## 6학년에게 필요한 진로교육은 '진로 인식'

초등 진로교육을 하면서 가끔 '진로 탐색'이라는 말을 들을 때가 있다. 진로에 대한 탐색이 초등학교에서 가능한가에 대한 고민도 없이 이 용어를 쓰고 있다는 것이 안타깝다. 예전부터 진로와 관련하여 다양한 연구가 있었고, 인간의 진로에도 발달 단계가 있다.

진로발달의 정석이라고 할 수 있는 도널드 슈퍼Donald E. Super의 진로발달 이론은, 성장기출생~14세, 탐색기15~24세, 확립기25~44세, 유지기45~64세, 쇠퇴기65세 이상로 나뉜다. '성장기'는 자아에 대한 지각, 직업에 대한 기본적인 이해를 하는 시기다. 롤모델과 자신을 동일시하며 자아 개념을 발달시키기에, 긍정적인 자아 개념이 발달할 수 있도록 어른이 안내해 주어야 한다.

이 시기는 또 다시 환상기, 흥미기, 능력기로 나뉜다. '환상기'는 4~10세에 해당하는데, 진로 선택에 있어서 욕구가 크게 작용하며 직업의 역할을 환상적으로 바라본다. '흥미기'는 11~12세인데, 자신의 흥미가 진로를 결정하는 중요한 요인이 된다. '능력기'는 13~14세로 서서히 직업에 필요한 능력과 원하는 직업의 요구 조건도 고려한다. 결국 초등학교 시기의 아이들은 직업을 생각할 때 환상을 갖고 뭔가 근사해 보이는 것, 재미있어 보이는 것에 관심을 갖기 시작하며, 6학년 때에나 직업을 선택하는 데 능력이 중요함을 인식하고 자신의 능력에 관심을 갖기 시작한다는 것이다. 우리가 생각 없이 사용하던 '진로 탐색'은 중학교 후반에나 가능하다는 말이다.

슈퍼의 발달 단계를 '진로 인식-진로 탐색-진로 준비-진로 실천'으로 정리하고, 초등학교 시기는 '진로 인식' 단계로 이해하면 된다. 초등학교 시기의 진로교육 방향은 일에 대한 기본적인 태도와 가치관의 기초 확립, 자신의 특성에 대한 기초적인 이해, 다양한 직업 역할 유형에 대한 인식, 자신이 한 일에 대한 책임의식, 사회생활에서 협동에 대한 인식, 직업 선택에 필요한 의사결정과 같은 초보적인 지식이나 기능으로 세분할 수 있다. 참고로 초등학교 진로교육의 목표는 다음과 같다. 이러한 목표는 교과 시간, 창의적 체험활동, 생활교육 전반에서 이루어진다.

1. 자신에 대한 정확한 이해 증진
2. 직업 세계에 대한 이해 증진
3. 합리적인 의사 결정 능력의 증진

4. 정보 탐색 및 활용 능력의 함양

5. 일과 직업에 대한 올바른 가치관 및 태도 형성

　이러한 목표를 달성하기 위해서는 아이들 수준에 맞는 교육
이 매우 중요하다. 나는 초등학교 시기에 자신을 이해하는 과정
을 어떻게 실시할지 고민하다가 이에 맞는 동화들을 적용하여
교육할 수 있었다.


## 초등학생을 위한 진로 관련 동화

　《민들레는 민들레》김장성 글, 오현경 그림, 이야기꽃, 2014는 초등학
교 1, 2학년 아이들과 함께할 수 있는 '나에 대한 인식' 책이다.

　이 책을 통해 아이들이 배웠으면 하는 것은 '나는 나'라는
점이다. 어떤 것으로도 대체할 수 없는 자신의 존귀함을 아이들
이 이해하길 바라며 한 문장 한 문장 소중하게 읽어 준다. 민들
레의 한살이를 통해 씨앗에서부터 씨앗을 세상에 퍼뜨리고 죽

는 순간까지, 모습이 어떻게 바뀌든 '민들레'임을 알려 준다.

통합교과에 자신에 대한 이해 단원이 있다. 생물학적으로 인간의 일생을 이야기하는 것도 좋지만, 주기가 짧은 식물인 민들레처럼 모습이 어떻게 변하든 내 고유한 존재가 있다는 것을 아이들이 어렴풋하게나마 이해하기를 바란다. 아울러 어디에 피어 있든 나는 고유성을 가지며, 혼자 있든 누구랑 함께 있든 나는 나임을 아이들 수준에서 느끼길 바란다. 좋은 동화는 읽을수록 상념이 많아지고, 많은 은유가 포함된 책이 아닐까 싶다.

세상을 살아가면서 아이들에게 일깨워 주고 싶은 것은, 진로 설계를 어떻게 하든, 나는 고유하며 소중한 존재임을 잊지 않는 단단한 자기개념과 자기존중의 마음일 것이다.

이 책을 읽고 유머를 발휘하여 이 책의 의미를 알려 주기도 한다. 제목인 '민들레는 민들레'를 이용하여 자기 이름을 넣어 짧은 글을 짓도록 한다.

《이게 정말 나일까?》요시타케 신스케 글·그림, 김소연 옮김, 주니어김영사, 2015에는 요즘 아이라고 할 만한 평범하고 귀여운 주인공이 등

장한다. 움직이기 귀찮아하고, 걸핏하면 부모님에게 꾸중을 듣고 실수도 많이 하는 한 아이가 자신을 대신해서 일할 로봇에게 자신을 소개하는 과정이 담겨 있다. 개인적으로의 나, 공동체 속에서의 나, 역사적 과정 속에서의 나 등 자신의 정체성을 탐색하는 아주 재미있는 내용의 동화다.

이 책은 초등학교 고학년 진로교육에서 '진로 인식'을 위한 수업 구성 내용을 고민할 때 아이디어가 저절로 떠오르게 하는 '자기 인식'의 샘물이다.

교사들이 창체 시간을 활용하여 자기가 좋아하는 것과 싫어하는 것, 자신의 장점과 고쳐야 할 점을 생각하고 쓰거나 이야기하는 데 좋은 자료가 된다. 아이들을 가르치다 보면 충분히 동기화되지 않았을 때 매우 난감하다. 경험 자료가 어른보다 부족하기 때문에 그렇다. 이때 이 책의 해당 부분을 읽어 주면 '저렇게까지 생각할 수 있구나' 하면서 아이들이 창의적으로 자신을 탐색하기 시작한다. 무엇보다 이 책은 내가 생각하는 자신의 모습뿐만 아니라 주변 사람들이 생각하는 자신을 탐색하도록 유도한다. 책은 정체성을, 내가 생각하는 주관적인 자신과 남이 생각하는 객관적인 자신을 통합하여 인식하는 과정으로 보기에 상당히 의미 있다.

이 책을 어떻게 응용하는가는 교사나 부모의 몫이다. 중요한 것은 아이 스스로 자신은 아직도 성장하는 과정에 있으며, 고유하면서도 공동체에 속해 있다는 것, 하루에도 몇 번씩 바뀌는 감정을 갖고 있는 변화무쌍한 존재임을 자연스럽게 받아들이며,

자신을 여유 있게 바라보는 성찰의 태도로 안내할 수 있다는 점이다.

## 5차시
# 나는 어떤 사람일까?
### MBTI를 통한 나의 이해


## 진로교육의 시작은 나를 이해하는 것부터

성격검사 관련 강의를 한 경험이 꽤 있다. 교류분석에 입각한 에고그램ego-gram, 에니어그램Enneagram, MBTI를 주로 강의하는데, 각각 특징이 있기에 수강자 특성에 맞춰 강의한다. 에니어그램이나 MBTI는 그 유형이 바뀌지 않는, 타고나는 것임에 비해 에고그램은 자아의 모습이 큰 주기로 한 번씩 바뀔 수도 있다고 보는 입장이다. 어떤 강의를 하든지 사람들의 반응은 둘로 나뉜다. 자신을 알아 간다는 것에 흥미를 보이며 적극적으로 참여하는 사람과 여러 사람 앞에서 자신의 유형이 드러나는 것을 불편해하며 강의에서 빠지는 사람으로 구분된다.

초기에는 일부러 강의를 빠지는 사람들을 잘 이해하지 못했다. 자신을 알아 가는 과정을 왜 거부하는 것인지, 이런 좋은 기회를 왜 놓아 버리는 것인지 말이다. 그러나 지금은 이해가 된다. 특히 남자들이 자신을 드러내는 일에 매우 불편해하거나 이런 성격검사들의 격을 낮추려고 노력하는 모습이 결국은 자신의 특성이 타인에게 노출되는 것에 대한 두려움 때문이라는 것을 말이다.

다행히 내가 만난 아이들은 자신을 알아 가는 것을 매우 흥미로워하며 적극적으로 참여했다. 타인을 알아 가기 전에 자신을 알아 가는 과정은 매우 중요하며 그것을 학교에서 적극적으로 가르쳐야 한다. 이런 과정이 있어야 타인을 이해하고 공감하면서 원활하게 소통할 수 있기 때문이다. 이 과정은 결국 우리가 키우고자 하는 민주주의 사회에 맞는 시민을 기르는 기반이 된다. 민주주의는 타인에 대한 관심과 존중을 기초로 하며, 타인을 이용하거나 조종하는 객체가 아니라 나와 마찬가지로 소중한 인격체임을 이해하고 그런 태도로 소통해야만 가능한 교육이기 때문이다.

초등학교 고학년의 진로교육에서 객관적인 성격검사를 통한 자기 이해는 매우 중요하다. 나와 같은 유형의 사람들과 대화하면서 나를 좀 더 객관적으로 이해하고, 나와 다른 유형의 사람들 발표를 통해서 타인을 이해하는 소중한 기회가 되기 때문이다.

인간의 마음과 행동에 대한 이해는 인류가 존재하면서 계속되어 왔다. 그것을 중점적으로 연구하는 학문이 철학과 심리학이고 요즘 유행하는 '인문학'이 바로 우리에 대한 연구다. 나, 너, 우리를 왜 이해해야 하는가? 대인 관계 속에서 행복하게 살기 위해서다. '나'라는 존재, '너'라는 존재를 어떻게 이해하느냐에 따라 '삶'을 바라보는 방식, 생활 패턴, 대인 관계의 무늬가 달라진다. 인식 패턴이 다르기에 인지주의 학습이론에서 말하는 '주의attention'와 '지각perception'이 차이 나고, 이에 따라 대인 관계에서 사고, 행동, 정서, 태도 등이 모두 다르게 나타난다. 이렇게 각자 다른 우리를 만들어 내는 요소를 학자들은, 타고난 '기질', 주요 양육자와의 관계에서 형성되는 '성격' 등으로 정의한다. 이런 '나'를 이해하는 것은 나를 바라보는 메타meta적 사고 즉, 위에서 나를 관찰하고 이해하는 사고를 키우고, 내 마음의 흐름과 행동을 관리할 힘을 기르게 한다. 이런 마음의 근육을 키우는 것은 나에 대한 이해에서 시작된다.

성격검사, 심리검사 등에 사람들이 유난히 흥미를 보이는 것은 나를 이해하려는 욕구가 있기 때문이다. 인간은 다른 동물과 달리 자신을 성찰하는 지구상의 유일한 존재다.

5차시 활동은 나의 모습을 통해서 나를 이해하고 수용하며 나아가 내 옆 사람들을 이해하는 계기를 마련하는 것이다. 대화를 오래 하다 보면 성격을 어렴풋이라도 알 수 있지만, 이런 판단 과정에서 상대를 인식할 경험이 중요하기에 성격을 빠른 시간에 파악할 수 있는 심리검사를 활용하였다. 그중에서 MBTI라는 공인된 성격 유형 검사로 나와 우리를 이해하는 수업을 진행해 보았다.

공인된 성격검사 중에는 MBTI, 에고그램, 에니어그램, DISC 등이 있다. 나름대로 사람들을 이해하는 데 도움을 주고, 다른 활동에 비해서 많은 흥미를 불러일으킨다. 그런데 너무 흥미에 재미를 붙인 나머지, 검사와 활동의 목적을 잃고 재미삼아 해 보는 것으로 대할 때가 있는데, 그건 실수다.

내 경우에는 상담심리를 전공했고, 상담을 위한 심리검사 도구들을 익히기 위해 많은 비용을 들여 배웠다. 배운다는 것은 시간과 경제적인 대가를 지불하고 배움의 증거로 연구소에서 요구하는 과제를 제출해야 한다. 이 과정에서 이 검사들이 막대한 시간과 돈을 들여서 만든 심리검사인 만큼 사용하는 데 신중을 기해야 한다는 검사 윤리도 배운다. 특히 저작권에 위배되지 않도록 심리검사 규칙을 따라야 하는데, 인터넷에 검사도구가 많이 퍼져 있기도 하다. 무엇보다 심리검사 도구에 대한 깊은 성찰 없이 피상적으로 이해한 상태에서 적용하려는 태도도 문제다.

심리검사 도구를 얼마나 잘 활용하느냐는 정식 워크숍 참여 여부에 따라 차이가 있다. 핵심에는 목적의식이 확실한가를 가늠할 수도 있다. 최소한 내가 아이들에게 적용할 생각이 있다면, 기본 검사도구 교육과정에라도 참여하여 우선은 교사로서의 '나'를 이해하는 시간을 가져야 한다. 나아가 나와 다른 유형들을 관찰하면서 그 특징을 익히기 위해 노력해야 한다. 나를 제대로 이해해야 상대를 이해할 수 있기 때문이다.

MBTI 검사를 어린이에게 적용하는 경우 MMTIC 검사가 있다. 그런데 이 검사를 한 아이 중에 미결정으로 나오는 경우가 많다. 따라서 간이 검사로 자신을 이해하는 정도로 진행하는 것이 낫다. 하지만 개인 상담을 하거나 개인적으로 심도 있는 성격검사를 하는 경우에는 정식 검사를 사용하는 것이 옳다.

성격검사 자체가 중요한 것이 아니라, 성격검사를 통해서 나를 알아 가는 과정이 중요하다. 나아가 내 주변의 친구들을 있는 그대로 이해하는 것, '다름을 수용'하는 것이 이 활동의 목표다. 아울러 이런 과정에서 나의 삶을 설계하는데 내게 맞는 분야를 알아 가는 소중한 기회가 된다.


## MBTI 간이 검사

첫 시간은 MBTI에 대해 대강의 설명을 한다. 성격은 타고난 것이며 정도의 차이는 있지만 평생 한 유형으로 살아간다고 이야기한다. 또한 검사 전에, 이 검사는 잘하고 못 하고를 측정하는 것이 아니라, 내가 무엇을 좀 더 편안해하는지 마음의 방향을 보려는 것이라고 소개한다.

사과와 배가 있어요. 사과 좋아하는 사람?
이번에는 배를 더 좋아하는 사람?
자, 그럼 사과를 좋아하는 사람이 배를 좋아하는 사람에게 "왜 배를 좋아해?" 하고 비난할 수 없지요. 반대도 마찬가지고요. 이렇게 우리는 서로 다른 기호를 가지고 있으며 각자 특성이 다릅니다. 따라서 이 성격검사 유형 열여섯 가지 중 나의 모습이 있는데, 각각은 고유한 특성이 있을 뿐 어떤 유형이 더 좋고 나쁨은 없습니다.

    더 좋은 유형은 없으며 각각의 유형은 모두 장점과 단점을 갖는다는 점, 검사할 때는 내가 되고 싶은 모습이 아닌, 솔직한 나의 모습, 내가 좀 더 편안한 것, 더 많이 하는 것으로 선택하면 된다고 안내한다. 너무 오랫동안 생각하지 말고 문장을 보자마자 표시하라고 해야 왜곡을 막을 수 있다. 아이마다 차이가 있기는 하나 10분에서 15분 정도면 대체로 검사를 마무리할 수 있다.

    검사가 끝나면 활동2에 표시하고 검사 결과에 대한 내용이 대강 적힌 유인물을 준다. 정식 검사를 바탕으로 대강 줄인 내용으로 그것을 활동3에 붙이도록 한다.

| ISTJ | ISFJ | INFJ | INTJ |
|---|---|---|---|
| 세상의 소금형, 검사 | 임금 뒤 참모형, 보호자 | 예언자형, 상담자 | 과학자형, 기획자 |
| 한번 시작한 일은 끝까지 해내는 사람들 | 성실, 온화하며 협조를 잘하는 사람들 | 사람과 관련된 뛰어난 통찰력의 소유자 | 전체적인 부분을 조합하여 비전을 제시하는 사람들 |

| ISTP | ISFP | INFP | INTP |
|---|---|---|---|
| 백과사전형, 장인 | 성인군자형, 작곡가 | 잔 다르크형, 치유자 | 아이디어 뱅크, 설계자 |
| 논리적, 뛰어난 상황적응력의 소유자 | 따뜻한 감성을 가지고 있는 겸손한 사람들 | 이상적인 세상을 만들어 가는 사람 | 비평적인 관점을 가지고 있는 뛰어난 전략가들 |

| ESTP | ESFP | ENFP | ENTP |
|---|---|---|---|
| 수완 좋은 활동가, 프로모터 | 사교적 유형, 연기자 | 스파크형, 챔피언 | 발명가형, 발명가 |
| 친구, 운동, 음식 등 다양한 활동 선호하는 사람들 | 분위기를 고조시키는 우호적인 사람들 | 열정적으로 새로운 관계를 만드는 사람들 | 풍부한 상상력으로 새로운 것에 도전하는 사람들 |

| ESTJ | ESFJ | ENFJ | ENTJ |
|---|---|---|---|
| 사업가형, 감독관 | 친선 도모형, 부양자 | 언변 능숙형, 교사 | 지도자형, 사령관 |
| 사무적, 실용적, 현실적으로 일을 많이하는 사람들 | 친절과 현실감을 바탕으로 봉사하는 사람들 | 타인의 성장을 도모하고 협동하는 사람들 | 비전을 갖고 사람들을 활력적으로 이끄는 사람들 |

| 질문 | 나의 유형 | 특징 |
|---|---|---|
| 에너지 방향은? | E?(외향) I?(내향) | |
| 세상을 인식하고 정보를 수집할 때? | N?(직관) S?(감각) | |
| 판단을 할 때? | T?(사고) F?(감정) | |
| 생활 양식은? | J?(판단) P?(인식) | |

## 활동3. 나를 좀 더 알아봐요

| 나에게 해당되는 특징에 ○표 하시오. |
| --- |

**특징1) 에너지 흐름은?**
IS(보수적), IN(이론적), ES(현실적), EN(개혁가)

**특징2) 기질별 유형은?**
SJ(보호자), SP(예술가), NF(이상가), NT(논리가)

**특징3) 기능적 분류를 하자면?**
ST(실질적 관료형, 보수적/현실), SF(온정적 가족형, 보수적/현재),
NF(유기적 적응형, 활성형/가능), NT(논리적 추진형/왜?)

**특징4) 태도적 조화 유형은?**
IJ(진지, 마피아지도자), IP(관조, 내적 열정)
EP(탐험가, 분위기), EJ(추진가)

**특징5) 기타 특징은?**
TJ(논리적, 분석적, 과제지향적), FP(수용적, 온유, 순응적, 인간적)
TP(적응력 있는 사고자, 객관적 관찰), FJ(인간중심형, 정 많은 지도자)

| 나의 성격 특징을 정리하자면? | |
| --- | --- |
| 선생님이 주신 표를 붙이세요. | 나에 대해 정리해 보세요. |
| | |

# MBTI 선호 지표 설명하기

검사가 끝난 후 활동2에서 E와 I, S와 N, T와 F, P와 J를 설명한다. 설명을 들으면서 아이들은 특징을 단어로 기록하며 메모한다. 아울러 나의 유형에 초점을 두고, 에너지 흐름, 기질별 유형, 기능적 분류, 태도적 조화, 기타 특징을 들으며 자신을 파악하는 데 집중하도록 한다.

"우선, 에너지 흐름에 따라 외향형Extraversion과 내향형Introversion으로 나눌 수 있어요. 이것은 '심리적 에너지가 흐르는 방향'이에요. 내 마음의 에너지가 밖을 향하는지 자신의 마음, 내부로 향하는지를 보는 거죠. E는 에너지가 밖으로 향해서 금방 눈에 띄어요. 글보다는 말로 자기 표현을 더 잘합니다. 여러 사람과 쉽게 어울리는 편이고, 에너지가 고갈되었을 때 사람들을 만나 어울리면서 에너지를 충전하는 사람이에요."

나의 설명에 E인 아이들은 흥분하며 "나도 그래." 하고 다른 E들과 눈을 맞추고는 서로 맞장구치느라 바쁘다.

"이에 비해서, I는 내향형으로 서서히 드러나는 사람들이에요. 대인 관계에서 자신을 돌아보는 경향이 매우 강해요. 말을 못 하는 것은 아니지만, 말보다는 글로 쓸 때 자기가 표현하고 싶었던 걸 더 잘하는 경향이 있고요. 조금 수줍거나 신중한 편이고, 사람들을 싫어하는 것은 아니지만, 혼자만의 시간이 필요한 사람들입니다. 에너지가 떨어졌을 때는 집에서 혼자 뒹굴뒹굴하거나 책을 읽거나 아무 일도 안 하는 편인데, 혼자만의 시간을

# MBTI 선호 지표

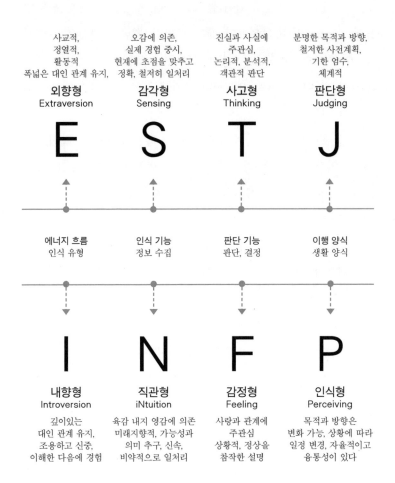

| 외향형<br>Extraversion | 감각형<br>Sensing | 사고형<br>Thinking | 판단형<br>Judging |
|---|---|---|---|
| 사교적,<br>정열적,<br>활동적<br>폭넓은 대인 관계 유지, | 오감에 의존,<br>실제 경험 중시,<br>현재에 초점을 맞추고<br>정확, 철저히 일처리 | 진실과 사실에<br>주관심,<br>논리적, 분석적,<br>객관적 판단 | 분명한 목적과 방향,<br>철저한 사전계획,<br>기한 엄수,<br>체계적 |

## E  S  T  J

| 에너지 흐름<br>인식 유형 | 인식 기능<br>정보 수집 | 판단 기능<br>판단, 결정 | 이행 양식<br>생활 양식 |
|---|---|---|---|

## I  N  F  P

| 내향형<br>Introversion | 직관형<br>iNtuition | 감정형<br>Feeling | 인식형<br>Perceiving |
|---|---|---|---|
| 깊이있는<br>대인 관계 유지,<br>조용하고 신중,<br>이해한 다음에 경험 | 육감 내지 영감에 의존<br>미래지향적, 가능성과<br>의미 추구, 신속,<br>비약적으로 일처리 | 사랑과 관계에<br>주관심<br>상황적, 정상을<br>참작한 설명 | 목적과 방향은<br>변화 가능, 상황에 따라<br>일정 변경, 자율적이고<br>융통성이 있다 |

가져야 에너지가 충전되는 사람들이에요."

이 설명을 하면서 마치 나 자신을 아이들에게 드러내는 것 같아 고해성사 하는 느낌이 들기도 한다. 사람들은 나를 활달한 E로 보지만, 사실 I 성향이 매우 강하다. 지금도 약간은 그렇지만, 어릴 때는 망설이고 머뭇거리는 경우도 많고, 무엇인가 물어보아야 할 때 몇 번을 생각하고 용기를 쥐어짜듯 내어서 힘들게 다가간 기억이 많다.

"선생님은 외향형일까 내향형일까? 어떤 유형인 것 같아요?"

수업하다 보면 사람을 볼 줄 아는 안목이 본능적으로 발달한 아이가 있다. 미소를 띠고 나를 살펴보더니 심리학 전공자처럼 말한다.

"선생님은 말을 아주 잘하고, 친절하지만, 느낌이 I 같아요. 왜냐하면 활발하시지만 가끔 아이들이 여기저기서 말하면 힘들어하시는 것 같기도 해요."

아이들에게 나의 행동들이 분석되고 있다는 생각을 하니 좀 놀라웠다. 내 행동 하나하나가 아이들에게는 배움의 교재가 될 수 있다는 생각에 다시금 조심스러워진다.

"그 다음은 살면서 주변의 정보를 수집하는 습관에 따라 감각형Sensing 과 직관형iNtuition으로 나누어요."

이때 아이들에게 '사과' 하면 떠오르는 것을 말하도록 한다. S인 아이들은 빨갛다, 맛있다, 시고 달콤하다, 둥글다 등 사과의 특성을 감각적으로 떠올린다. 이에 비해 N성향의 학생들은 '백설공주, 아이폰, 뉴턴, 잘못한 것을 사과하다, 사과나무, 아낌없이 주는 나무, 원숭이 엉덩이'처럼 상징적인 것을 생각한다. 물론 S 임에도 N처럼 말하는 아이도 있고 N인데 S인 것처럼 말하는 아 이도 있다. 다시 한번 생각해 보거나 보류하도록 할 수도 있다. 아직 성인이 아니라서 미결정인 경우도 있기 때문이다. 정식 검 사에서는 '미결정 유형'이 상당히 나온다.

"우선 감각형인 S는 현재에 초점을 두어 정보를 수집하는 경향이 있어요. 경험을 중요시하고, 가꾸고 추수하는 사람들이지 요. 정확하고 철저한 일처리가 장점이고 전체적인 윤곽보다는 세 세한 부분을 더 잘 관찰하고 집중하면서 정보를 얻어요. 이에 비 해서 직관형인 N은 미래의 가능성에 초점을 두는 사람들이라서 씨를 뿌리는 사람들이라고 해요. 아이디어가 많은 편이라 정확하 기보다는 신속하고 비약적인 일처리를 하는 사람들입니다. S가 나무를 본다면 N은 숲을 보는, 전체 윤곽을 보는 사람들입니다. N인 유형의 사람에게 왜 그렇게 생각하느냐고 물으면, "그냥요" 식으로 대답해서 S인 사람들은 답답해하기도 해요."

"S와 N은 책을 읽을 때도 좀 다른데, S는 일단 책을 자세히 읽는 것, 부분적으로 재미있는 부분을 펼쳐 읽으며 정보를 얻는 데, N들은 책이 전체적으로 어떤 내용인지 윤곽을 먼저 보고 읽 기 시작해요."

"S는 일을 시작할 때, 지금 눈에 보이는 이득이 있는지 꼼꼼 히 살펴보고 일을 시작해요. 그런데 N은 상황을 보고 느낌이 오 는 대로 '음, 이건 왠지 가능성이 있어 보여.' 하고 자신의 직감에 따라 움직이는 경향이 있어요. S가 현재를 본다면 N은 가능성을 봐요."

아이들이 감각형과 직관형의 차이를 완전히 이해하지 못하더라도 주변에서 정보를 수집할 때 이렇게 사람마다 다르다는 것을 느끼는 기회가 될 수 있다.

에너지의 흐름, 정보를 수집하는 방식에 이어 수집된 정보를 바탕으로 판단하는 방식에도 차이가 있다. 사고형Thinking 과 감정형Feeling 으로 나뉜다. 아이들에게 질문을 던진다.

"아침에 뉴스를 보았는데, 자동차 사고가 나서 일가족 네 명이 모두 죽었다는 기사를 보았어요. 어떤 생각이 제일 먼저 드나요?"

사고형인 T들은 왜 사고가 일어났을까, 누가 일으킨 사고인가를 먼저 생각한다면, 감정형인 F들은 불쌍하다, 끔찍하다 등 감정의 단어들을 떠올린다.

"사고형은 진실이나 사실에 초점을 두어 판단을 해요. 그래서 원리, 원칙을 따지고 그러다보니 논리적이고 분석적인 경향이 있지요. 맞다, 틀리다로 판단하고 규범과 기준을 중시해요. 어떤 문제를 해결하는 데 기준이나 원칙에 맞는지 틀리는지 생각하면서 판단해요. 이에 비해 감정형은 사람과의 관계를 중요시하고, 상황에 누가 영향을 받는지, 나에게 어떤 의미를 주는지 생각하면서 서로 우호적인 협조관계를 생각하며, 그러니까 내 친구나 가족, 주변 사람들에게 좋은 영향을 미치는지를 생각하지요."

이렇게 설명하면 아이들은 감정형은 인간적이고 따뜻하며 사고형은 냉철하고 차가운 유형으로 이해할 수 있다. 이런 생각이 편견으로 작용할 수 있으므로 사고의 균형을 위해 의도적으로 T의 장점을 더 말하기도 한다.

"예를 들면, 서술형 평가를 했는데 점수가 별로 안 좋게 나오면, 순간적으로 판단하는 게 달라요. 사고형은 '왜 틀렸지? 무엇이 틀렸다는 것이지?' 생각하면서 찾아봐도 이해가 안 되면, '이게 왜 틀렸는지 알고 싶다'며 선생님께 설명을 부탁할 거예요. 이에 비해 감정형은 '어, 점수가 낮네… 선생님이 나를 덜 좋아하시나?' 하고 당황하고 서운함을 먼저 느낍니다."

이 예를 들어 주면 아이들이 T와 F의 차이를 확실하게 이해한다.

여기서 한 가지 생각한다면, 학생이 T인데 교사가 F인 경우, T인 아이가 채점에 대한 설명을 요구할 때, F 성향이 강한 교사는 자신에 대한 도전이라고 오해할 수도 있다는 것이다. T인 아이는 왜 틀렸는지 그 문제를 이해하고 싶어 질문한 것인데, F인 교사는 곡해하는 바람에 심할 경우 패씸해 할 수도 있다. 물론 T인 교사도 아이의 설명 요구에 본인의 논리가 공격받는다는 생각을 할 수도 있지만, 아이를 이해시키기 위해 논리적으로 설명할 가능성이 높다.

반대로 F인 학생이 틀린 것은 알지만, 서운한 마음에 교사에게 채점에 대해서 물어볼 때 교사의 유형에 따라 반응도 다르다. T인 교사는 F인 학생에게 논리적으로 틀린 이유를 설명할 것이다. 최선을 다해서 말이다. 그래도 F인 학생의 표정은 좋지 않고 이해했다는 말을 명확히 하지 않은 채 뾰로통해서 자리로 돌아간다. 이것을 보고 T인 교사는 '내가 논리적으로 설명했는데, 쟤는 왜 저러지?' 생각한다. 그러나 F인 학생이 바라는 것은 논리적이고 냉철한 설명보다는 교사가 자신의 속상함을 알아주는 것이다. "열심히 노력했는데, 생각보다 점수가 낮아서 많이 속상했구나." 하며 학생의 심정을 본능적으로 느끼고 그것을 읽어 준다면 아이는 낮은 점수에 대한 속상함을 선생님의 따뜻한 위로로 많이 풀 수 있을 것이다.

"그런데 선생님이 아는 유명한 상담자 중에는 의외로 T도 많아요. 왜 그럴까?"

"상담 받는 사람들의 문제가 무엇인지 잘 분석하니까, 그리고 감정 상태를 잘 읽어 주니까 그런 거지요?"

직관이 발달한 아이가 많아서 이런 분석을 의외로 잘한다.

"맞아요! 내가 아는 어떤 분들은 수학교사로 있다가 상담자가 되신 분도 있는데, 분석력과 대처 방법에 대해서 찾은 것을 잘 정리해 주니까 상담소에 손님이 많더라고요."

"그럼, 선생님은 무슨 형일까?"

"감정형이요. 따뜻하고 친절하고, 우리 감정을 잘 읽어 주세요."

"아니야, 사고형인 것 같아. 옳고 그른 것을 잘 알려 주셔."

무엇이 되었든 아이들은 감정형과 사고형에 대해서 잘 파악하여 뿌듯해 한다.

마지막으로 평소 생활양식에 따라 판단형과 인식형을 설명한다. 판단형Judging은 생각형이라기 보다는 정리형으로, 인식형

Perceiving은 개방형으로 이해하면 쉽다. 판단형과 인식형 중 한 명씩 선택하여 물어본다.

"학교에서 집에 어떻게 가나요? 아파트라면 동 호수까지 말할 필요는 없고."

판단형은 정문인지 후문인지부터 말하고 우회전, 좌회전, 어느 신호등을 건너고 가는 길 근처에 무엇이 있는지까지 자세하게 말한다. 이에 비해 인식형은 교문에서 나가서 쭉 가다가 몇 단지로 들어가면 된다고 간단히 말한다. 이 설명을 들으며 아이들은 판단형과 인식형을 이해하기 시작한다.

"선생님은 판단형인데, 여행갈 때 계획을 자세히 세우고, 심지어 식구별로 속옷 몇 장, 일정은 물론이고 끼니마다 갈 식당까지 계획을 세워야 안심이 되어서 가기 전에 진이 빠져요. 이에 비해 인식형은 이런 계획을 굳이 세우지 않아도 '여행은 자유로운 것이지.' 생각하죠. 누가 더 행복할까요?"

아이들은 싱글거리며 인식형이라고 말한다.

"그리고, 오랫동안 하는 과제를 내주면, 판단형은 그때부터 고민하고 어떻게 과제를 해결할지 계획을 세우기도 해요. 실천하든 하지 않든 계획을 세우지요. 결국 미리 해 두거나 아니면 고민을 하다가 마지막에 완성하긴 해요. 하지만 인식형은 조금 고민하다가 잊어버려요. 그러다가 전날에 갑자기 생각 나면 '앗, 큰일이다' 하며 부랴부랴 하는데, 결국 판단형들의 과제 점수와는 별 차이가 없다는 슬픈 현실."

아이들은 특히 이 부분에서 "하하, 나도 그런데, 다 잊고 있다가 전날 부랴부랴 해." 하며 P들끼리 신나서 이야기한다.

대학원 과정에서 공부할 때, 별명이 'P 바다'인 교수님이 계셨다. P 성향이 너무 강해서 상담 전공 동기들이 붙인 별명이다. 박사과정이라고 하지만, 수업도 잘 정돈된 강의실이 아닌 좁은 교수님 연구실에서 했는데, 정리형인 내 입장에서는 불만이었다. 소파에 앉건 책 보따리 위에 걸터앉건, 자유로운 그 분위기가 나는 내내 싫었다. 더 힘든 것은 교수님의 강의 내용이었다. 무엇을 배운다는 말을 명확하게 하지 않고 그냥 무엇인가 툭 던지듯이 물어보신다. 그리고 그것을 가지고 이야기를 펼쳐 가다가 이론을 이야기하다가하는 통에 어떤 맥락인지 알아채기가 힘들었다.

매우 강한 J인 나는 '필기의 여왕'이라는 별명답게 교수님의 강의를 속기하듯 다 정리했고, 집에 돌아가서 한 번 더 정서했다. 그런데, 문득 정리한 것을 들여다보면서, 교수님이 알프레드 아들러Alfred Adler 심리학을 여러 방향에서 설명하신 것이라는 것을 깨달았다.

애착 이론을 설명하실 때였다. 우리 삶에서 억울했던 경험을 말하면서 소크라테스 질문법 식으로 캐고 들어가셨는데, 그 주제가 아들러 심리학을 따라가고 있었다. 몇 년 전 베스트셀러였던《미움받을 용기》기시미 이치로·고가 후미타케 지음, 전경아 옮김, 인플루엔셜(주), 2014라는 책에 현자와 젊은이가 대화하는 장면이 있는데, 그 내용이 내가 비좁은 강의실에서의 듣던 강의 흐름과 닮았다는 느낌을 받았다. 내용뿐만 아니라 방법까지도 말이다. 당시 교수님은 외국에서 그 이론에 따른 상담을 전공하고 오신 상황이었다. 공책 정리를 통해 나는 교수님의 강의가 '아들러'라는 큰 뿌리로 이루어져 있음을 깨달았다. 그 후로는 그 교수님의 소탈함과 친절함, 진실됨, 솔직함이 좋아서 박사 논문을 끝내고 찾아가 인사도 드렸다. 그 교수님은 스스로도 'P'라고 하셨다. 혼란스러워하는 학생들에게 스스로 알아서 자신의 교재를 찾아 공부하라고 하셨고, 박사과정은 그렇게 공부하는 것이라고 충고하셨다. 강의할 때도 어떤 내용을 설명하다가, 갑자기 가지를 뻗어 다른 설명을 하는 식이라 중간에 맥락을 쉽게 그릴 수 없어 힘들었다. 이런 것은 직관형인 N의 특징이다. 교수님은 큰 줄기로 가기 위해 여러 가지 잔가지들로 접근하신 것이고, 그것이 중구난방 이루어진다는 느낌에 정리형<sup>판단형</sup>인 나는 힘들었던 것이지만, 큰 맥락이 어떤 것인지 느낀 순간 강의를 더 잘 이해할 수 있었다.

아이들도 꼼꼼하고 체계적이며 준비가 척척 되어 있는 판단형인 선생님과 정리는 잘 되어 있지 않지만, 순간순간 변하는 상황에 잘 호응하며 창의적이고 융통성이 많은 인식형인 선생님들을 만나며 지식을 쌓아갈 것이다. 그와 함께 사람에 대한 균형 있는 시각을 갖게 될 것이라는 생각이 든다.

눈 내리던 날, 아이들의 바람에 따라 수업을 하다가 운동장으로 나가서 아이들과 노는 선생님이 있는 반면, "눈이 오니 좋기는 한데, 나가야 할 진도가 있어. 이것을 배우고 이따가 어느 정도 눈이 쌓이면 체육 시간에 나가자." 하고 해야 할 것을 놓치지 않고 정리하는 선생님이 있다. 아이들은 어떤 교사를 더 좋아할까? 대부분은 인식형이 많으므로 전자인 선생님이 매력적이고 더 좋을 것이다. 솔직히 나는 후자의 선생님이 더 편하다. 내가 J형이기 때문일 것이다.

## MBTI 16가지 유형 이해하기

이렇게 E와 I, S와 N, T와 F, P와 J를 설명하다 보면, MBTI 전체 유형이 이 문자들의 조합으로 열여섯 가지로 나옴을 알게 된다. 열여섯 가지 유형 중하나가 본인의 성격이며, 이것은 마음의 모습이고, 각자 다름을 이해시킨다. 이후 아이들이 자신의 성격 유형을 확인할 수 있도록 성격에 대해 요약한 유인물을 나누어 준다.

### ISTJ 세상의 소금형
정확하고 체계적인 기억, 신중함과 집중력, 책임감, 현실 감각이 뛰어나고, 반복되는 일도 옳은 일이라면 인내를 발휘하여 잘합니다. 보수적이지만 사리 분별력이 뛰어나 세상에 썩지 않는 소금과 같은 존재입니다. 정확성이 무기이기에 회계, 법률, 생산, 건축, 의료, 사무직 등에서 능력을 잘 발휘합니다. 하지만 자신의 다른 사람의 감정을 배려하고 가끔은 전체적인 타협의 자세도 필요하겠네요.

### ISFJ 임금 뒤 참모형

삼국지의 제갈공명처럼 헌신적이고 침착하며, 인내력이 강합니다. 사람들의 감정에 민감하고 사정을 잘 헤아리면서도 현실 감각을 발휘하여 현실에 맞게 조직적으로 일을 처리합니다. 그래서 의료, 간호, 교직, 사무직, 사회사업에 적합한 성격입니다. 분별력이 있는 당신은 전면에 나서지는 않지만 뒤에서 많은 일을 하지요. 때로는 창의적으로 생각해 보고, 자신을 명확하게 표현할 필요가 있어요.

### INFJ 예언자형

창의력과 통찰력, 강한 직관력으로 조용히 타인에게 영향을 주는 당신. 내적 독립심이 강하고 확고한 신념과 열정으로 자신의 이상을 구현하려는 정신적 지도자가 이 유형에 많아요. 성직, 심리학, 심리치료, 예술과 문학, 또 가끔은 순수과학 분야에서 새로운 시도를 열정적으로 합니다. 하지만 열여섯 가지 유형 중 내면이 가장 복잡해서 다른 사람과 마음을 깊이 나누기 어려워하기도 하며, 몰두하다가 현실을 잊을 수도 있으니 조심해야겠지요.

### INTJ 과학자형

생각이 독창적이고 자신이 생각하는 바를 실현하려는 의지와 결단력, 인내심을 가진 당신. 목적 달성을 위해 헌신하는 성격 특성을 가진 만큼, 과학, 공학, 발명, 정치, 철학 등 직관과 통찰이 필요한 분야에서 능력을 발휘해요. 하지만 냉철한 만큼 다른 사람의 감정을 고려하고 그들의 입장에 진지하게 귀 기울이는 노력이 필요해요.

### ISTP 백과사전형

객관적으로 인생을 관찰하는 당신은 다른 사람의 일이나 상황을 호기심을 갖고 지켜보기는 하지만 직접 뛰어들지 않지요. 자료를 정리, 조직하고 기계나 연장을 다루는 능력에 재능이 있어 법률, 경제·마케팅 분야에서 뛰어난 실력을 발휘합니다. 민첩한 상황 판단력은 훌륭하나 다른 사람의 감정에 공감한다고 표현하는 일은 조금 어려워하네요.

### ISFP 성인군자형

따뜻한 마음을 가진 당신은 친절하고 겸손하며 너그럽습니다. 상대방을 알 때까지 자신의 따뜻한 마음을 잘 드러내지 않고, 자기 생각을 상대에게 강요하지 않네요. 개방적이고 융통성이 있으나 다른 사람의 감정에 너무 민감해서 결정하거나 일을 추진하지 못할 때가 많아요. 하지만 적응력이 있으니 잘 극복하겠지요.

### INFP 잔다르크형

마음이 따뜻하고 조용하게 주변 사람들을 위해 성실성과 책임을 발휘하는 당신은 내적 신념이 깊고 정열적인 신념을 가지고 있어요. 수줍은 시골 처녀에서 조국을 지키는 장군이 된 잔 다르크처럼 내적 열정이 겉으로 나타나면 큰 에너지를 뿜습니다. 언어, 문학, 상담, 심리학, 과학, 예술 분야 등 인간 이해와 복지에 이바지하는 일에 관심이 많아요. 다른 사람의 영역을 함부로 침범하지 않으면서도 자신의 이상을 실현하려는 당신, 그러나 현실 상황을 고려하는 능력이 필요합니다.

## INTP 아이디어 뱅크형

평소에는 말이 없지만, 관심 있는 분야에서 말을 잘하고 이해가 빠르며 지적 호기심이 뛰어난 당신. 개인적인 인간관계나 친목회에는 관심이 없고, 지식을 추구하는 배움에 관심이 많네요. 순수과학, 연구, 수학, 엔지니어링, 경제, 철학, 심리학 등 추상적 개념을 다루는 분야에서 뛰어난 능력을 드러냅니다. 그러다 보니 사교성이 좀 부족할 수 있고, 지적 능력을 드러내는 상황에서 잘난 척한다는 말을 들을 수 있어요.

## ESTP 수완 좋은 활동가형

현실적인 일에 대한 문제 해결력이 뛰어나고 적응력이 강한 당신은 사람들에게 선입견이 별로 없어서 개방적이고 관대하네요. 긴 설명보다는 직접 감각으로 체험하는 활동을 즐기면서 친구들을 잘 사귑니다. 현실적이고 순발력이 뛰어나며 연장이나 재료를 잘 다루네요. 반면, 과학, 수학 등과 같은 추상적인 아이디어나 개념에는 별로 흥미가 없네요.

## ESFP 사교적 유형

사교적이고 활동적이며 현실주의자인 당신. 어떤 상황이든 잘 적응하며, 주위 사람이나 사건 등에 관심이 많고 사람, 사물을 다루는 상식이 풍부하네요. 물질, 운동 등 실생활을 즐기기 때문에 의료, 판매, 교통, 유흥업, 비서직, 사무직, 기계를 다루는 직업을 선호합니다. 끼가 많은 당신은 수다스럽고 깊이가 좀 부족하고 마무리가 잘 안 되기는 하지만, 공동체의 분위기를 밝게 만드는 힘이 있어요.

## ENFP 스파크형

따뜻하고 정열적이며 활기 넘치고 재능이 많으며 상상력 풍부한 당신. 항상 창의적이고 새로운 가능성을 찾으려고 하는군요. 상담, 교육, 과학, 저널리스트, 광고, 판매, 심지어 성직에도 적합하고 작가로서도 뛰어난 재능을 보일 수 있군요. 하지만, 한 가지 일을 마무리하기도 전에 몇 가지 다른 일을 벌이는군요. 이것만 고치면 참 좋을 것 같아요.

## ENTP 발명가형

창의력이 풍부하고 안목이 넓으며 여러 방면에 재능이 많은 당신. 풍부한 상상력으로 새롭고 복잡한 일을 해결하는 능력이 뛰어나며 사람들의 동향을 재빨리 판단하고 아는 게 많아요. 도전이 있어야 뛰어난 능력을 발휘하는지라 경쟁적입니다. 발명가, 과학자, 저널리스트, 마케팅, 컴퓨터 분석 등에서 큰 능력을 발휘합니다. 하지만 일상적이고 세세한 일을 경시해서 살짝 게을러질 수 있으니 일상적인 일을 성실하게 처리하는 태도도 필요합니다.

## ESFJ 사업가형

뛰어난 현실 감각을 가지고 일을 조직하고 계획하며 추진하는 능력이 뛰어난 당신은 기계 분야나 행정, 관리, 조직 운영, 사업을 이끌어 가는 타고난 지도자의 자질을 가지고 있어요. 확실한 목표, 눈에 보이는 성과를 만드는 분야, 현실적이고 실용적인 일을 잘 해결합니다. 하지만 지나치게 빠른 결단으로 실수할 수 있으며, 사람들을 업무 위주로 대하다 보니 타인의 감정을 고려하지 못해 상처를 줄 수 있으니 조심해야겠지요.

## ESFJ 친선 도모형

인화를 중시하고 친절하며 동료애가 넘치는 타고난 협력자입니다. 이야기를 재미있게 잘하면서도 정리정돈도 잘하고 참을성과 봉사 정신도 좋은 당신은 친목회장으로 딱 맞습니다. 사람들과 함께 실천하는 직업인 교직, 성직, 판매, 간호, 의료 분야에 적합합니다. 사람을 좋아하는 만큼 반대 의견에 부딪히거나 요구가 거절당할 때 마음의 상처를 다른 유형보다 많이 받을 수 있어요. 사람과 소통하기를 좋아하는 만큼 냉철한 태도를 보이기 어려워하네요.

### ENFJ 언변능숙형

마음이 따뜻하고 책임감이 강하며 화합을 중시하고 참을성이 많은 당신은 현재보다는 미래의 가능성을 능수능란하게 계획하고 제시하면서 집단을 이끌어가는 힘이 있어요. 사람을 다루는 교직, 심리상담, 예술, 외교, 판매와 관련된 직업에서 능력을 발휘합니다. 때로 다른 사람들의 장점을 지나치게 좋게 보거나 다른 사람도 나와 같을 것이라는 생각으로 일을 추진하다가 낭패를 볼 수 있어요.

### ENTJ 지도자형

솔직하고 결단력과 통솔력이 있으며, 장기적 계획을 세울 때 큰 틀에서 보는 눈이 있어요. 지도력이 뛰어난 당신은 지적 호기심도 있고, 일을 체계적으로 추진해 가네요. 때때로 열정에 사로잡혀 성급하게 결론을 내는 바람에 상대의 감정을 알지 못할 수 있으니, 경청하고 자신과 타인의 감정에 관심을 가져야 합니다.

아이들은 이런 유인물을 받고 자기 마음의 모습을 요약한다. 요약하면서 아이들은 어렴풋이 나에게 어떤 성격 특성이 있고, 친구들은 나와 같을 수도 있고 다를 수도 있음을 이해하기 시작한다. 저마다 생김새가 다르듯이 마음의 모습도 저마다 다름을 이해한다. 그런데 가끔 이런 질문을 한다.

"선생님, 저랑 얘랑 같은 성격인데요, 조금 다른 점도 있는 것 같아요."

"그래, 맞아. 이것은 각 유형의 비슷한 점만 정리해서 사람을 열여섯 가지로 나눈 것인데, 각 유형별로 또 여러 가지로 분류가 돼요. 같은 ISTJ라도 정도에 따라서 다르게 느껴지고, ISTJ 안에서도 또 여러 유형으로 나뉘어요. 오늘 배운 것은 대강의 것이고, 더 깊이 이해하려면 다음에 기회가 닿을 때 워크숍에 참석하면서 더 깊이 배우면 되겠지요."

아이들 중에는 가끔 심리학자나 상담자, 프로파일러가 되겠다는 아이도 있다. 이런 꿈을 가진 아이들은 인간의 특성을 이해하는 성격검사에 더욱 흥미를 갖는다.

물론 인간 유형을 열여섯 가지로 나누는 것을 마뜩찮아 하는 사람이 있다. 나도 그랬다. 여기서 중요한 것은 사람은 서로 다르다는 것을 아이들 수준에서 이해할 기회가 된다는 것이다.

# 우리는 어떤 사람일까?

## MBTI를 통한 우리의 이해

### 서로를 바라보기 위한 도구로서의 MBTI

모든 것은 나로부터 시작한다. 세상에 대한 탐색, 무엇을 하겠다는 동기 모두 '나'에서 비롯된다. 그리고 이 탐색은 '너'로 확장되고 '우리'로 마무리된다. '나'를 더 깊이 탐색하려면 우리 속의 나를 볼 수 있어야 한다. 비교하는 기준이 있어야 내가 더 드러나기 때문이다. 이 사회는 공동체로, 나는 그 속에서 주변 사람들과 끊임없이 상호작용하며 살아간다. 이런 의미에서 성격검사는 단순히 나의 특성을 확인하는 것을 넘어 타인의 특성도 이해하고 존중하는 태도를 배우는 소중한 기회가 된다.

6차시에는 나와 같은 유형을 만나 공통점을 유추하고, 나와 다른 유형들의 특징을 이해한다. 문제는 열여섯 가지 유형으로 나누어 하기에는 무리가 있다. 물론 MBTI 실제 워크숍에 가면 다른 유형의 특성을 모두 듣고 특징을 정리해 주는 시간이 있지만, 아이들은 이해하기 어렵고 열여섯 가지 유형을 모두 듣기도 어렵다. 그래서 네 가지 기질로 나누어서 활동한다.

활동하기 전에 지난 시간에 자신의 성격 유형을 다시 한번 상기하고, 열여섯 가지 유형 표에서 자기 위치를 기억하게 한다. 그리고 성격 유형에 대해 다른 방향으로 설명한다. '에너지 흐름과 인식 유형별'로 보수적$_{IS}$, 개혁적$_{EN}$, 현실적$_{ES}$, 이론적$_{IN}$으로 분류하여 간단히 설명하고, '기질별'로 보호자$_{SJ}$, 예술가$_{SP}$, 이상가$_{NF}$, 논리가$_{NT}$로 나눈다. 그리고 아이들을 이 기질별로 모여 활동하게 한다. '기능적'으로는 실질적 관료형$_{ST}$, 온정적 가족형 $_{SF}$, 유기적 적응형$_{NF}$, 논리적 추진형$_{NT}$으로 분류한다. '태도적 조화 유형'으로 보았을 때, 진지한 마피아 지도자형$_{IJ}$, 관조적인 내적 열정형$_{IP}$, 활동적 탐험형$_{EP}$, 추진형$_{EJ}$으로 나눌 수 있다. 이밖에 네 귀퉁이를 차지하는 TJ는 분석적이고, TP는 적응적이며, FJ는 인간 중심의 특성을 지니며, 표의 가운데를 차지하는 FP는 수용적이다. 교사가 자세히 설명하지 않아도 PPT 자료대로 자신의 위치를 기억하고 자신에게 해당하는 특성을 기억하고 기록하게 한다.

예를 들어 ENFP는 스파크형, 챔피언이라는 닉네임이 붙으며 열정적으로 새로운 관계를 만드는 사람으로 요약된다. 에너지 흐름상 개혁가이며, 기질별로 타고난 속성이 이상가다. 기능적으로 분류하면 유기적으로 적응을 잘하고, 가능성을 믿고 선택한다. 태도로 본다면 EP로 탐험가이며 분위기 메이커다. 기타 특성은 FP로 수용적이고 온유하며 순응적, 인간적인 특성을 갖는다. 이쯤 되면 눈치 채셨으리라. MBTI는 매우 긍정적인 면에 초점을 둔다.

교사와 아이들 사이에도 궁합이 있다. 6학년 진로 및 인성교육을 할 때 선생님들께 수업 공개를 했는데, 아이들에게도 관심을 두지만 선생님 자신이 어떤 성격 유형인지에도 관심이 많았다. 따라서 수업공개 전에 선생님들의 성격검사를 하고 참관하게 하면, 자신과 학급 아이들의 이해라는 일석이조의 효과를 거둘수 있다.

"어머, 우리 아이들이 이래서 이렇게 활발하군요. 제 에너지를 흡수당하는 느낌이었는데, 내향형이어서 그런가 봐요."

"○○가 그 유형이군요. 저 같은 성격을 가진 사람 입장에서는 정말 이해가 안 되었어요. 오늘 보니까 저 아이가 오히려 저를 이해하지 못했겠구나 싶네요. 제가 먼저 이해하고 받아들여야 저 아이도 마음을 열겠지요?"

어떤 학급은 의외로 NT가 많은데, 교사가 같은 NT면 탐구형이고 논리적인 이들은 서로 궁합이 맞아 호흡이 잘 맞는다. 그러나 다른 유형일 경우, 차이가 심할수록 갈등이 생길 가능성이 크다. 현실적이고 논리적이며 사회의 모범생인 SJ 유형의 선생님이 보았을 때, 칭찬해도 시큰둥하고 자기 세계가 강한 NT를 보면, 버릇 없고 고집 센 아이로 느낄 것이다. NF를 보았을 때는 화합을 추구하고 잘 도와주려는 그들이 좋기는 한데, 가끔 관계를 중시하고 너무 오지랖이 넓어 피곤하다고 느낄 수 있다. SP를 보았을 때는 자기만의 독특한 세계와 감수성은 알겠는데, 너무 천방지축이거나 즉흥적인 모습이 보일 때면 에너지를 흡수당하는 느낌이 들지도 모르겠다. 그러나 아이들 입장에서는 SJ인 선생님이 성실하고 모범적이지만, 너무 현실적이거나 사무적이라고 느끼거나, 답답하고 융통성이 없다고 느끼거나, 자기 세계를 원칙으로 침범한다는 생각을 할 수도 있다.

결국 MBTI 탐구 활동은 '서로를 바라보는' 기회가 될 것이다. 내가 보는 세상, 내가 생각하고 느끼는 세상은 사실 다른 사람이 보았을 때는 다른 시각으로 볼 수도 있다는 것을 말이다.

이 기회를 통해 교사는 아이들을 더 깊이 이해하는 경험을 하게 된다. 이 경험을 통해 나와 다른 서로를 이해하고, 있는 그대로 존중하는 태도의 기초를 배운다.

공동체 활동을 위해 열여섯 가지 성격 유형을 기질별로 크게 SJ, SP, NF, NT 네 가지로 묶는다. 기질별로 분류한 PPT 슬라이드를 띄우고, 자신의 위치를 확인하게 한다. 이 용어에 아이들이 익숙하지 않기에 미리 칠판에 열여섯 개의 표를 게시한 후, 아이들에게 포스트잇에 이름을 쓰게 해 해당 성격 칸에 붙이게

한다. 아이들은 이 과정을 통해 자신의 성격 유형을 확실하게 이해하고, 자기와 같은 기질의 친구를 파악하게 된다.

# MBTI 기질별 네 가지 유형

| | | | |
|---|---|---|---|
| **ISTJ**<br>세상의 소금형<br>한번 시작한 일은<br>끝까지 해내는<br>사람들 | **ISFJ**<br>임금 뒤 참모형<br>성실하고 온화하며<br>협조를 잘하는<br>사람들 | **INFJ**<br>예언자형<br>사람과 관련된<br>뛰어난 통찰력을<br>가지고 있는 사람들 | **INTJ**<br>과학자형<br>전체적인 부분을<br>조합하여 비전을<br>제시하는 사람들 |
| **ISTP**<br>백과사전형<br>논리적이고 뛰어난<br>상황 적응력을<br>가지고 있는 사람들 | **ISFP**<br>성인군자형<br>따뜻한감성을<br>가지고 있는<br>겸손한 사람들 | **INFP**<br>잔다르크형<br>이상적인 세상을<br>만들어 가는<br>사람들 | **INTP**<br>아이디어 뱅크형<br>비평적인 관점을<br>가지고 있는<br>뛰어난 지략가들 |
| **ESTP**<br>수완 좋은 활동가형<br>친구, 운동, 음식 등<br>다양한 활동을<br>선호하는 사람들 | **ESFP**<br>사교적 유형<br>분위기를<br>고조시키는<br>우호적인 사람들 | **ENFP**<br>스파크형<br>열정적으로<br>새로운 관계를<br>만드는 사람들 | **ENTP**<br>발명가형<br>풍부한 상상력을<br>가지고 새로운 것에<br>도전하는 사람들 |
| **ESTJ**<br>사업가형<br>사무적, 실용적,<br>현실적으로 일을<br>많이하는 사람들 | **ESFJ**<br>친선 도모형<br>친절과 현실감을<br>바탕으로 타인에게<br>봉사하는 사람들 | **ENFJ**<br>언변 능숙형<br>타인의 성장을<br>도모하고<br>협동하는 사람들 | **ENTJ**<br>지도자형<br>비전을 가지고<br>사람들을 활력적으로<br>이끌어가는 사람들 |

예술가 SP

보호자 SJ

## MBTI 기질별로 공통점 탐색하기

이 과정을 마치면 각자 활동지의 '활동1. 나에 대한 짧은 인터뷰' 부분을 간단히 적게 한다. 질문을 보는 순간 떠오르는 것을 그대로 적는 것이 가장 의미가 있다고 안내하면 아이들이 부담 없이 적는다.

활동지 작성이 끝나면 같은 유형끼리 만난다. SJ, SP, NF, NT로 구분하여 만나는데, 한 유형의 아이 수가 너무 많으면, E외향형와 I내향형로 나누어 만날 수도 있다. 즉, SJ가 많다면 'ESJ', 'ISJ'로 나누어서 활동하도록 하고, SP가 많다면 'ESP', 'ISP'로 나누어서 만나도록 한다.

만나서 1번에서 6번까지의 질문을 서로 공유하면서 정리한다. 이때 정리 방법은 두 가지다.

한 가지는 브레인 라이팅 기법과 비슷하다. 각자에게 포스트잇을 여섯 장씩 주고 질문 하나에 대한 대답을 포스트잇 한 장에 적도록 한다. '내가 잘하는 것, 좋아하는 것'에 대한 질문을 한 장의 포스트잇에 '수다'로 적을 수 있다. 이런 식으로 각자 여섯 장을 채운 후, 같은 유형끼리 모여서 도화지 여섯 장에 쓴 답을 붙인다. 즉, 도화지 1에는 1번에 대한 답을 붙이고, 도화지 2에는 2번답 포스트잇을 붙이는 식으로 총 여섯 가지 질문이 붙은 도화지에 각자의 포스트잇을 붙인다. 그러고 난 후, 각 질문 종이에 붙은 포스트잇을 읽고 핵심 낱말을 뽑아 도화지 아래에 단어들을 굵게 쓴다. 발표자는 핵심 낱말에 살을 붙여 각 질문에 대한 반응을 설명한다. 이 방법은 분석적이고 체계적이지만 시간이 좀 걸린다.

두 번째 방법은 활동지를 가지고 모여서 1번부터 돌아가면서 이야기하고, 서기나 팀장이 질문 도화지 한 장에 답변을 요약해서 적는다. 이것은 같은 기질의 아이들이 모여 서로의 특징을 찾아가는 과정이 역동적이고 활기차지만, 정리하는 데 어려움을 겪을 수 있다. 교사가 돌아보며 정리가 필요한 유형들을 도와줄 필요가 있기도 하다. 기질별로 SP는 각자의 답을 반영하려고 주장하느라 돌아가면서 말하는 것을 모두 적으려는 성향이 강하다. 각자의 세계를 인정하지만 경계를 구분하는 것이다. 이에 비해 NF는 둥글게 모여 공통점을 찾아 쓰려고 노력한다. 정리는 각 모둠별로 화이트 보드판에 질문 번호만 쓰고, 핵심어를 기록하여 발표에 대비한다.

이 과정을 마치면 유형별로 나와서 발표한다. 발표할 때 그냥 듣는 것보다는 인상적인 것을 기록하며 경청하는 것이 서로를 이해하는 데 효과적이다. 들은 내용을 적을 수 있도록 활동지를 만들어 놓는다. 빠르게 발표하므로 핵심 낱말만 쓰도록 한다. 한 기질의 유형이 나와서 발표한 후, 교사는 그 유형을 정리해 주는데, 이때 교사의 일방적인 정리보다는 발표자 학생에게 질문하거나 다른 유형의 학생이 자기 유형과 비교하여 발견한 다른 점을 발표하도록 하는 것이 더욱 의미가 있다. 이 패턴으로 네 가지 기질별 유형이 자신을 표현하고 상대방의 표현을 들으며 다

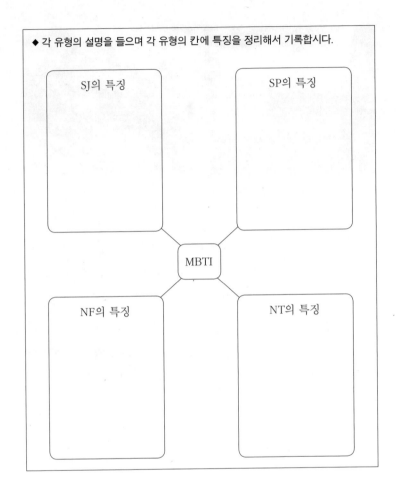

◆ 각 유형의 설명을 들으며 각 유형의 칸에 특징을 정리해서 기록합시다.

| SJ의 특징 | SP의 특징 |

MBTI

| NF의 특징 | NT의 특징 |

름에 대해서 이해하기 시작한다.

참고로 아이들 중 INTP인 학생은 유형 특성을 참 잘 정리했다. P이지만 J와 경계에 있는 학생일 가능성이 많다. 하지만, 정리하는 것이 재치가 있고 창의적이라 P성향이 맞겠다는 생각이 든다.

군더더기 없이 깔끔하게, SJ. 돌려쓰기로 가장 빠르게 과제를 해결했다.

### SJ의 특징

빨리하는 것을 잘함, 포커페이스 유지를 못 한다, 신중하고 배려심이 있다, 처세술이 좋고, 눈치가 있다. 책임감 있다. 믿고 신뢰할 만하다. 결단력이 아주 확고한 것은 아니나 우유부단하지도 않다. 시키는 것은 잘하지만 그 이상은 하지 않는다. 친절한 선생님, 이랬다 저랬다 하지 않는 선생님이 좋다.

### SP의 특징

낙천적, 창의적, 유머가 있고, 활동적이다. 행동이 가끔 과하기도 하고, 정돈을 잘 못 하고, 다른 유형보다 규율을 잘 지키지 않는 편이다. 자기만의 세계관이 있고, 다양한 활동에서 두각을 보인다. 간섭받는 것을 싫어한다. 억지로 시키면 안 하려고 한다. 시작은 매우 잘하지만, 마무리가 조금 부족하다. 잔소리와 자유 없는 것을 싫어한다. 재미있는 선생님이 좋다.

나의 세계를 지켜 주세요, ISP.

활기찬 개성파의 모임, ESP.

같이 하지만 따로 INT.

논리적, 상호 침범 안 하는 ENT.

### NT의 특징

발명, 만들기, 좋아하는 것에 빠진다. 그런데 자기가 싫어하는 것은 잘 안 한다. 상상하는 것이 엄청나다. 책벌레가 많다. 사회성<sub>공감력</sub>이 좀 떨어지기도 한다. 덕후가 꽤 있다. 논리적인 선생님이 좋다.

### NF의 특징

감정적이고 직관적이며 언어 능력이 좋음. 인정 욕구가 강함.

조용하고 협조적인 INF.　　　　시끌벅적 친목회 ENF.

인관관계에서 상처를 잘 받는다. 협동학습, 토론, 민주적 분위기에서 협동적으로 공부를 잘한다. 책임감이 강한데, 같이 할 때 더 책임감을 묵직하게 느낀다. 공감 잘해 주는 선생님, 인간적이고 공정하면서도 따뜻한 선생님이 좋다.


## 아이들의 활동 소감 소개

내가 누구인가, 나와 같이 생활하는 친구들이 나와 어떤 점에서 같고 어떤 점에서 다른지 생각해 보는 기회를 갖는 것은 매우 중요한 인성교육의 하나다. '남을 존중해야 한다'는 말보다 왜 존중해야 하는지 생각해 보는 기회를 주어야 하고, 존중을 가르치기 위해서는 서로 다르며 동등하다는 것을 인식하는 과정이 필요하다. 다름과 수용을 위해서는 이러한 공인된 성격검사와 해당 활동을 진행하는 것이 매우 의미가 있다. 활동 후 아이들이 작성한 소감 중 일부를 소개한다.

### ENTP 발명가형

- 사람은 모두 장단점이 있고, 그 장단점을 이해해 주어야 겠다고 생각한다. 그리고 나에 대해 잘 알아보게 되었다.
- 같은 NT끼리 해 보니, 그나마 잘 맞아서 좋았고, 다른 유형의 성향도 잘 깨달았다. NT끼리 생각이 같은 것이 신기하며 좋았다.

### INTP 아이디어뱅크형

- 내가 무슨 유형인지 잘 알았고, 나와 너무 비슷해서 놀랐고, 다른 친구들이 무슨 유형인지 알았다. 앞으로 친구들의 유형에 맞게 잘 대해 주어야겠다고 생각한다. 평소 몰랐던 '나'의 장점과 단점을 잘 알겠다. 앞으로 나의 장점을 키워 나가야겠다.

### ENFP 스파크형

- 나의 성격을 정확하게 알 수 있었고, 나 같은 성격의 친구가 많다는 것을 알고 나니 신기하고 새롭고 흥미로 웠다.
- 나의 특징을 알고 숨겨진 내 장점을 더 발달시키며, 큰 사회에 나가 잘 적응하고 잘해 냈으면 좋겠다. 또한 나와 다른 여러 가지 특징을 가진 사람이 많다는 것을 느꼈다.

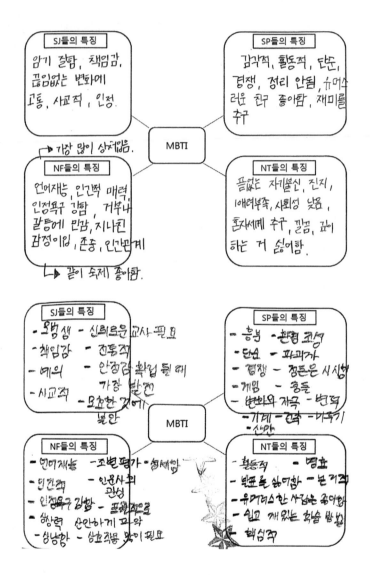

**SJ들의 특징**
암기 잘함, 책임감,
끊임없는 변화에
고통, 사교적, 인정.

**SP들의 특징**
감각적, 활동적, 단순,
경쟁, 정리 안됨, 유머
러운 친구 좋아함, 재미를
추구

→ 가장 많이 상처입음.

**NF들의 특징**
언어재능, 인간적 매력,
인정욕구 강함, 거부나
갈등에 민감, 지나친
감정이입, 존중, 인간관계

→ 깊이 숙제 좋아함.

**NT들의 특징**
끊없는 자기불신, 진지,
1애려부족, 사회성 낮음,
혼자세계 추구, 깔끔, 깊이
하는 거 싫어함.

MBTI

**SJ들의 특징**
- 모범생 - 신의있는 교사 필요
- 책임감 - 전통적
- 예의 - 안정감 확립 될 때
- 사교적   가장 발전
       - 모호한 것에
         불안

**SP들의 특징**
- 흥분 - 관렴 교정
- 단순 - 파괴가
- 경쟁 - 정돈은 시시함
- 게임 - 충동
- 변화와 자극 - 변칙
- 기계 - 건축 - 미술기
- 산악

**NF들의 특징**
- 언어재능 - 주변평가 - 실재함
- 인간적 - 인문사회
         관심
- 인정욕구 강함 - 표현적으로
- 상상력 산만하기 쉬움
- 상냥함 - 상호작용 많이 필요

**NT들의 특징**
- 활동적 - 명료
- 반복은 싫어함 - 분석적
- 유머러스한 사람을 좋아함
- 쉽고 재있는 학습 방법
- 핵심적

MBTI

### ESTJ 사업가형

• 내 성격을 잘 알 수 있는 기회였던 것 같다. 커서도 MBTI를 또 해 보고 싶다.

### ISTP 백과사전형

• 여러 가지 유형 중에 내 유형의 분위기가 나랑 너무 비슷해서 정말로 신기했다. 내가 정말로 친해지고 싶은 친구가 있는데, 친구가 좋아하는 성격대로 내가 다가가야겠다는 생각이 들었다. 앞으로 SP의 단점을 최소화할 수 있도록 노력해야겠다.

### ISTJ 세상의 소금형

• 많은 유형의 사람이 있다는 것을 알았다. 정말 정확한 것 같고, 나에 대해 좀 더 알 수 있어서 좋았다. 나에게 성격이 있듯이 친구들도 각기 다른 성격이 있으니 친구들의 성격도 존중해 주어야겠다.

### ESTP 수완 좋은 활동가형

• 오늘 우리 반 아이들의 성격을 알 수 있게 되었는데, 많은 성격을 보면서 참 다양하다는 생각을 했다. 그래서 우리는 서로를 존중해야 한다는 것을 알았다.

ENFJ 언변능숙형

- 나는 처음에 사람 성격이 그렇게 차이점이 없을 것이라고 생각했는데, 예상외로 정반대인 성격이 있었고, 이로 인해 나와 다 같지는 않다는 것을 알게 되었다. 그리고 내 입장에서만 생각하면서 친구의 성격을 나와 같을 것이라고 생각하지 않아야겠다. 우리는 서로 다르다. 하지만 서로 존중하자.

- 같은 NF 친구들을 만나 보니, 인간관계를 좋아하고 이기적인 친구를 싫어하고 친절한 친구를 좋아하는 것 같다. 나는 친절한 친구가 될 것이다. 비슷한 친구들과 만나니 즐겁고 공감이 되었다.

- 나에 대한 점을 다시 돌아보고, 친구들에 대한 것도 알며, 아이들이 싫어하는 것을 하지 않으려고 노력하고, 아이들이 좋아하는 사람이 되도록 노력하겠다. 아이들의 서툰 점은 내가 도와줄 수 있도록 노력할 것이다.


ESFP 사교적 유형

- 나와 다른 유형들에 대하여 자세히 알게 되어 색달랐고, 더 자세히 더 깊이 알고 싶다. 다른 친구들의 유형도 알게 되어 정말 좋았다. 또 하고 싶다.

- 조금 헷갈렸는데, 사실 내가 꿈이 작가여서 작가와 비슷한 SP예술가 쪽이 나와서 좋았다. 그리고 내 자신은 다른 유형들의 성격을 조금씩 내가 가지고 있는 것 같다.

ESFJ 친선도모형

- 유형이 달라서 성격도 다른 것을 직접 눈으로 보니 정말
  신기하다. 친구들에 대해서 더 잘 알게 되었으니 친구를
  사귈 때 신중하게 생각하고 행동해야겠다고 생각했다.

내가 굳이 말하지 않아도 배우길 바라는 바를 아이들도 이
심전심으로 느끼고 있다는 것을 알아채는 순간이 있다. 이런 소
감문을 보면서, 내가 바라는 것 이상으로 아이들이 배우고 있다
는 것을 느끼는 순간은 참 경이롭다. 마음과 마음의 연결은 가르
치면서 꿈꾸는 가장 최고의 순간일 것이다.

## 7차시
# 나의 진로 유형은 무엇일까?
### 나에게 맞는 진로 설계하기 ①

6학년 진로교육은 MBTI를 통한 성격검사 및 활동을 통해 자기를 이해하고, 홀랜드 진로 유형 검사로 이어간다. MBTI와 마찬가지로 이 검사는 공인된 검사도구지만, 개인적으로 깊이 분석하는 것은 중학교에 올라가 진로 탐색을 할 때 더 자세히 할 수 있으므로, 초등학교에서는 가벼운 활동 위주로 자신을 알아가는 기회를 갖는 데 의의를 둔다. 진로카드를 활용하여 진로 유형을 알아 가는 과정은 아이들이 매우 흥미로워한다.

## 진로의 의미와 조건

이 활동을 하는 초반에 나는 아이들에게 진로가 무엇이고 직업을 왜 갖는지에 대해 먼저 설명한다. '진로'라고 하니 역시 아이들은 직업을 떠올린다. 나는 수업 중에 종종 한자를 활용하는데, 한자말 풀이를 하면 그 개념이 선명하게 드러나기 때문이다. '進路'라는 글자를 칠판에 크게 쓰면 아이들의 주의도 집중된다.

"진로는 '나아길 진進, 길 로路' 자가 합쳐진 말인데, 무슨 뜻이라고 정리할 수 있을까?"

"나아갈 길? 길을 나아가다?"

아이들은 처음엔 우물우물하다가도 자기 생각을 말한다. 그 순간 교사는 격려하면 된다.

"맞아요, 진로라는 것은 나아갈 길이지. 내가 어떤 길을 걸으며 살아가야 하는지 생각하는 것이고, 어떤 일을 하며 살 것인지, 어떻게 살 것인지 길을 정하며 나아가는 것이지. 그럼, 진로를 결정해서 일을 하며 살 때 우리는 무엇을 가지고 있다고 하지요?"

"직업이요."

"좋아요, 그럼, 사람들은 직업을 왜 가질까?"

"음, 먹고 살아야 하니까요. 돈을 벌어야 하니까요."

어떤 아이가 수줍어하며 대답한다.

"맞아, 자본주의 사회에서는 먹고 사는 것이 중요하지. 이것을 '생계유지'라고 합니다."

생계유지라는 말이 생소한지 입으로 되뇌는 아이도 있다. 고학년이 되면 아이들은 조금씩 자기의 어휘가 부족하다고 느끼게 된다. 분산된 상념을 붙잡아 주고, 정교화해 주는 것, 그것이 교사의 역할일 것이다.

"생계유지를 위해 직업을 갖는 것 말고, 직업을 갖는 이유로 또 뭐가 있을까?"

"내가 일하는 것에서 무엇인가 남기기 위해?"

"오호, 그것을 어려운 말로 '자기실현'이라고 해요. 호랑이는 죽어서 가죽을 남기고 사람은 죽어서 이름<sub>명예</sub>을 남긴다는 속담이 있지. 내가 일하는 분야에서 이름과 업적을 남기려는 이유. 이것을 '자기실현'이라고 정리하지요."

가끔 지적 욕구가 강한 학급을 만나면 '자기실현'에 대해서 설명하기 위해, 에이브러햄 매슬로우<sub>Abraham H. Maslow</sub>의 인간 욕구 위계 이론을 설명하기도 한다. 모든 아이가 이해하지는 못하지만, 인간에 관한 이론에 관심을 갖는 아이가 있다.

"또? 음… 사회복지사나 신부님, 목사님, 수녀님, 스님 같은 종교인은 돈을 벌려는 목적보다는 이 목적으로 일을 해요. 사회에 도움을 주고자 하는…."

"아, '사회봉사'!"

"직업을 갖는 이유를 더 생각해 볼까요? 헌법에 제시된 국민의 의무 네 가지가 있는데, 그중에 '근로의 의무'가 있어요. 때가 되면, 지금의 여러분처럼 학교에서 공교육을 받고 직업을 가져야 하지요. 사회가 유지되려면 사람들이 직업을 갖고 뭔가를 생산해야 하지요."

이 지점에서 직업을 가져야 하는 이유를 설명하기가 애매하기도 하다. '사회인으로서의 기능'을 위해 직업을 갖는 까닭을 설명하는 것인데, 아이들에게 어려운 개념이기는 하지만, 공동체에서 자신의 역할이 있고 그것을 최선을 다해 수행하는 것이 중요함을, 그래야 사회가 유기적으로 돌아가는 것임을 알릴 필요는 있다.

사회 시간처럼 딱딱하게 개념 정리를 할 수도 있지만, 직업에서 추구하는 바가 사람마다 다를 수 있다는 것을 아이들에게 쉽게 설명하는 것이 중요하다.

"그럼, 사람들이 직업을 갖는 이유를 정리해 볼까요? 여기 '의사'가 있어요. 이 의사가 공부를 열심히 해서 의사가 된 이유는 여러 가지가 있을 수 있어요. 만약, 돈을 많이 벌어서 넉넉하게 살고 싶고, 특히 피부과나 성형외과가 돈을 많이 번다는 것을 알고 그쪽으로 전공의가 되어서 수련을 쌓고 개업했다면, 이 사람의 목적은 생계유지가 강한 것입니다. 이것이 나쁘다는 것은 아니고, 병원을 열어 치료하면서 돈을 버는 것에 관심이 많다면 '생계유지'지요.

그런데 어떤 의사는 '국경없는 의사회'에서 활동하거나 슈바이처처럼 누군가를 돕기 위해서 의술을 발휘한다면, '사회봉사'가 목적인 것이고요.

어떤 외과의사가 우리나라 심장 치료 분야에서 최고로 인정받기 위해 더 열심히 공부하고, 수술도 많이 하면서 경험도 쌓고, 연구도 열심히 한다면 이 사람의 목적은 '자아실현'이겠죠. 이른바 '명의'라는 분이 여기에 속합니다.

생계유지, 사회봉사, 자아실현에 한 가지 더, 의사로서 사회가 건강하게 유지되도록 하는 기능을 한다는 점에서 '사회인으로서의 기능'을 하는 것이지요."

중간 중간 아이들과 묻고 답하며 이 개념을 정리한다. 사례를 들어 설명하는 것이 아이들의 이해를 돕는 데 도움이 많이 된다.

아이들에게 '도둑'이나 '조폭'을 직업이라고 할 수 있는가 물어본다. 사춘기에 접어들면서, 삐딱하게 직업의 목적 중 하나인 생계유지라는 조건이 충족되니까 직업이 맞다고 말하는 아이도 있다.

하지만 도둑이나 조폭이 어떻게 직업이 되냐며 강하게 반발하는 아이도 있다. 일단 서로의 논리를 펼치도록 한다. 자유롭게 이야기를 나누던 중에 정의로운 한 아이가 말한다.

"그래? 그럼 만약 예를 들어, 너희 부모님이 도둑이라면 '우리 아버지는 도둑이세요.'라고 당당하게 말할 수 있어?"

"글쎄…."

"왜?"

"창피하니까. 옳지 않은 일을 하는 것이니까 아무래도 다른 것으로 돌려 말하겠지."

"그래, 그러니까 직업이 아니라는 거야. 남에게 해를 끼치거나 남의 것을 뺏어먹고 사는 사람한테 직업을 가졌다고 하면 안 되지."

결국 아이들은 짧은 토론을 통해 직업의 조건까지 찾아낸다. 교사인 나는 이 조건을 근사한 말로 정리해 주면 된다.

"직업의 조건은 사회적 가치에 맞는 것이어야 해요. 그러니까 사회의 한 구성원으로서 다른 사람에게 직접적으로든 또는 간접적으로든 도움을 주는 것이어야 합니다."

도둑은 직업이 (아니다.) 맞다. (사회를 어기는 것은 나쁘다. 그니깐) 도둑은 직업이 아니다.

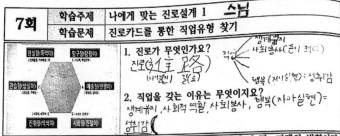

| 7회 | 학습주제 | 나에게 맞는 진로설계 1  스님 |
|---|---|---|
| | 학습문제 | 진로카드를 통한 직업유형 찾기 |

1. 진로가 무엇인가요?
진로(①主路) 진(道)
(나아갈)    길(로)

직업 ─ 생계유지
       사회(봉사 (존이 적다))
       행복(자아실현) = 성취감

2. 직업을 갖는 이유는 무엇이지요?
생계유지, 사회적 역활, 사회봉사, 행복(자아실현) =
성취감

3. 직업을 결정하기 위해 알아야 할 것에는 나의 흥미, 적성, 능력, 미래의 방향이라고 합니다. 이 중에서 가장 중요한 것이 무엇이라고 생각하나요?

수익, 능력, 선천적 재능, 흥미, 적성, 미래의 직업

☆제일 중요한 것이라고 생각하는 것. 적성(성격에 맞아야 한다.)

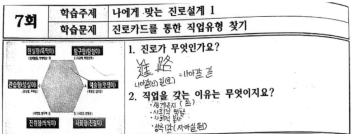

| 7회 | 학습주제 | 나에게 맞는 진로설계 1 |
|---|---|---|
| | 학습문제 | 진로카드를 통한 직업유형 찾기 |

1. 진로가 무엇인가요?
進路 =나아갈 곳
나아갈(진) 길(로)

2. 직업을 갖는 이유는 무엇이지요?
· 생계유지 (돈)
· 사회적 역할
· 사회봉사
· 성취감 (자아실현)

3. 직업을 결정하기 위해 알아야 할 것에는 나의 흥미, 적성, 능력, 미래의 방향이라고 합니다. 이 중에서 가장 중요한 것이 무엇이라고 생각하나요?

나의 흥미 = 우리는 행복하고 싶어서 돈을 버는 것인데, 기왕 돈을 벌것이면 내가 좋아하는 일을 하고 싶다. 설령 그 직업이 돈을 못벌어도 그분야에서 최고가 되면 요고, 실력이 없어도 열심이 노력하면 잘 할수 있다.

진로의 요소 정리

## 직업을 결정할 때 생각할 점

"그럼, 직업을 결정할 때 생각해야 할 것이 무엇이 있을까요?"

"재미가 있어야 해요."라고 흥미를 시작으로 아이들은 적성, 능력을 이야기 한다. 나는 여기에 '미래의 방향'을 추가한다. 그리고 아이들에게 가장 중요하다고 생각하는 것을 한 가지씩 고르고 논리적으로 설명하라는 주문을 한다.

"흥미가 중요합니다. 아무리 좋은 직업이라도 그것이 재미가 없으면 좀 하다가 하기 싫어지고 그 직업을 그만두게 되니까요. 흥미를 못 찾고 그만두는 것을 반복하면 불행해지지요. 신나서 하는 것이라면 계속 할 수 있고, 어려운 일이 있어도 참을 수 있으니까 흥미가 중요해요."

"적성도 중요해요. 그 직업에 성격도 맞아야 행복하게 직업 활동을 하지요. 예를 들면, 내가 의사 일에 아무리 흥미가 있어도 그것에 대한 지식이나 기능을 잘 익히지 못한다면, 그리고 성격상 비위가 약하면 어렵지요. 또 사람과 이야기하는 것을 싫어하는 사람이 물건을 소개하고 파는 일을 하는 것은 어렵겠지요. 직업의 특징과 성격이 맞아야 잘 할 수 있어요."

"능력도 중요해요. 적성과 비슷하지만, '능력'은 이것은 얼마나 잘해 내느냐인데요, 자기가 선택한 직업 분야에서 능력을 발휘하다 보면, 흥미도 더 생기도 적성도 더 길러지고, 결국 그 분야에서 최고가 되어 가는 것이니 행복하지 않을까요? 직업을 갖는 이유 중에 자아실현의 목적이 있잖아요? 이 목적을 이루기 위해서는 흥미와 적성만큼 그 분야에서 능력을 발휘해야 가능하겠지요."

"하지만, 미래의 방향도 생각해야 합니다. 지금 없어지는 직업이 엄청 많아지고, 새롭게 떠오르는 직업도 많은데, 혹시 내가 되기 위해 준비한 직업이 사라진다면 얼마나 당황하겠어요? 옛날에는 전화교환원, 타자수, 볼링점수 기록원 같은 직업은 인기가 있었지만, 지금은 사라졌어요. 톨게이트 징수원도 지금은 하이패스가 생겨서 일자리가 많이 줄었어요. 따라서 직업에 대한 정보도 찾아보고, 그 직업이 미래에 어떤 모습으로 살아남을 것인지 생각하면서 직업을 선택해야겠지요?"

각각의 조건을 지지하는 학생들을 일어나도록 하고, 지원자 한 명이 그 이유를 이야기 한다. 같은 의견이면 앉고 다른 의견이면 기다렸다가 이야기한다. 그러나 다른 조건을 지지하는 아이들이 중간에 이의를 제기할 수도 있다. 이의가 생겼을 때는 기록했다가 자신이 지지하는 조건에 대한 설명을 할 때 포함해 반박하면서 자신의 의견을 이어 말하라고 할 수도 있다. 운영 방식은 여러 가지지만, 중요한 것은 각 조건은 서로 맞물려 있고, 모두 다 중요한 것이라는 점이다. 아울러 단순히 흥미만 생각하지 말고 적성, 능력, 미래의 가능성 등 직업 선택할 때 다방면에서 생각하는 것이 중요하다고 학생들에게 어렴풋하게나마 인식시킬 기회가 된다.

아이들에게 근 미래에 등장할 만한 직업에 대해 알려 줄 수 있다. 활동지에 제시한 것은 문화여가사, 식품융합 엔지니어, 무인항공기 시스템 개발자, 평등관리 사무원이다. '문화여가사'를 설명할 때 아이들은 빠르게 이해한다.

"'문화여가사'는 여가생활을 위한 정보와 서비스를 제공해 삶의 질을 높여 주는 직업이에요. 예를 들어 내가 하는 일이 너무 바쁘고 여유가 없는데, 열흘의 휴가가 생겨서 무엇을 할까, 어디로 여행을 갈까, 어떻게 알차게 시간을 보낼 것인지 고민이 되는데, 정보도 부족하고 여행 계획을 짤 짬도 없다고 한다면? 그때 문화여가사에게 열흘 휴가를 보내는 방법을 연구하고 계획을 짜 달라고 의뢰할 수 있겠지요? 내가 원하는 방향, 장소, 방법을 대강 이야기하면 구체적으로 계획과 일정을 짜 주고, 숙소 및 식당도 예약해 주어 휴가를 알차게 보낼 수 있겠지요? 내 생각에도, 바쁜 현대인을 위한 맞춤형 여가 계획 직업은 매우 인기가 많아질 것 같아요."

개인적으로 가족 여행을 짤 때 스트레스가 많은지라 이런 사람이 있으면 좋겠다는 생각을 자주 했다. 물론 여행 계획 뿐만 아니라 나에게 맞는 운동이나 여가 시간을 보람 있고 편안하게 보낼 방법을 의논하는 넓은 개념의 직업일 것이다. 따라서 그 분야도 세분화하고 앞으로 각광받을 것이다. 이렇게 설명하면 아이들은 재미있어 하고 눈빛이 빛난다. 유튜브 크리에이터, 프로게이머 등 직업적 편식이 심한 아이들을 위해 이런 새로운 미래 직업 세상이 있음을 알리는 것은 의미가 크다.

# 나의 진로 유형 알아보기

이런 네 가지 조건을 모두 생각하고 진로를 선택하는 것이 맞지만, 이 활동에서는 직업적 흥미 및 일반 적성을 살펴본다. 직업카드를 가지고 나의 진로 유형을 알아본다. 존 홀랜드John L. Holland의 진로 유형은 총 여섯 가지로 현실형실재형, 탐구형, 예술형, 사회형, 진취형기업형, 관습형으로 나뉜다.

이 유형 구분은 초등학교 아이들은 다소 어렵게 느낄 수 있어서 특성을 나타내는 쉬운 단어로 용어를 바꾸었다. 실재형은 뚝딱이, 탐구형은 탐험이, 예술형은 멋쟁이, 사회형은 친절이, 기업형은 씩씩이, 관습형은 성실이로 말이다.

63장의 직업카드 각각에는 직업명과 여섯 가지 진로 유형 중 하나가 적혀 있다. 각 카드의 뒷장에는 직업에 소개가 쉽게 제시되어 있다.

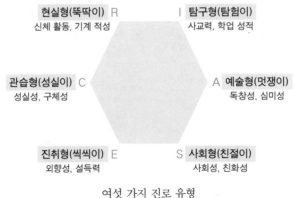

여섯 가지 진로 유형

1단계 카드 분류하기

학생들에게 63장의 카드를 주고, 왼쪽에는 싫어하는 직업카드, 오른쪽에는 좋아하는 직업카드, 가운데에는 미결정의 직업카드로 나누게 한다. 좋아하는 직업카드에서 다섯 장, 싫어하는 카드에서도 다섯 장을 선택하여 총 열 장의 카드를 가지고 작업한다. 이 중에서 어떤 아이는 좋아하는 직업을 두 장만 선택하는 경우도 있다. 그럴 때는 좀 더 생각해 보고 고르라고 독려하고, 정 고집을 부리면 두 장으로만 하게 한다. 63장의 카드에는 빈 카드도 있는데, 그것은 내가 좋아하는 직업이 없는 경우에 활용하라는 의미다.

2단계 카드 분석하기

싫어하는 직업카드를 1위부터 5위까지 늘어놓고, 직업명과 싫어하는 이유, 진로 유형을 활동지에 쓰게 한다. 마찬가지로 좋아하는 직업카드로 같은 작업을 시킨다.

카드 분석

63장의 직업카드를 좋아하는 직업과 싫어하는 직업으로 분류하는 과정에서 자기가 대체로 어떤 유형인지 드러난다.

### 3단계 진로 유형 결정하기

이것이 끝나면 나의 진로 유형이 결정이 된다. 진로 유형 개수가 동점으로 나온 경우, 더 좋아하는 직업의 진로 유형을 적도록 한다. 예를 들면, 예술형 2, 사회형 2, 관습형 1로 나왔다면, 다섯 개 카드 중 가장 좋아하는 직업을 나의 진로 유형으로 생각하면 된다. 그리고 좋아하는 직업과 싫어하는 직업을 나름대로 분석하게 한다. 아이들은 생각보다 자신의 진로 유형을 잘 분석한다. 아이들이 분석한 몇 가지를 제시하면 다음과 같다.

① 현실형(뚝딱이)
- 성실하고 활동적이며 기계에 흥미가 많은 유형
- 싫어하는 직업

  머리를 많이 쓰고 공부 기간이 길거나 사람들의 감정을 살펴야 하는 일. 상대방의 비위를 많이 맞추어야 하는 일, 남들에게 서비스하는 일.
- 좋아하는 직업

  몸을 많이 쓰고 땀을 많이 흘리는 것. 현실적인 것, 활발하게 움직이는 것, 동식물과 교감하고 키우는 것, 돌보는 것.

  나는 '현실형(뚝딱이)'이다. 나는 사람들에게 얽매어 일을 해 주고 의지해야 하는 상황이 싫다. 그리고 예술적이고 섬세한 일이 좀 꺼려진다. 하지만 누군가를 설득하려고 설명하거나 말을 해서 도와주는 것이 좋고, 안내하고 소개하는 것이 좋다.

현실형인 학생들은 실재형이라고도 한다. 말보다는 행동으로 보여 주는 것을 좋아한다. 무엇인가를 직접 만드는 것, 물건을 다루거나 조작하는 것, 기르는 것, 수리하는 것 등에 관심이 많은 학생이다. 솔직하면서 할 말만 하는 아이들이 많다.

### ②탐구형(탐험이)
- 분석적이고 호기심이 많으며 수학과 과학에 흥미가 있는 유형
- 싫어하는 직업: 비서(관습), 디자이너(예술), 군인(현실), 자동차 정비원(현실)

  비서는 누구 밑에서 일하는 것이라 싫고, 디자이너는 언제나 상상력을 발휘하려면 스트레스를 많이 받을 것 같다. 군인은 노동력이 너무 많이 들고, 논리적인 것이 아니라 명령에 복종해야 하니까 나랑 맞지 않는다. 자동차 정비원은 노동력이 많이 들 것 같다. 결국 나는 신체적으로 하는 노등의 양이 다른 직업에 비해 많은 것이나 어떤 사람의 지시로 일하는 직업을 싫어하는 것 같다.
- 좋아하는 직업: 과학자(탐구), 법률가(사회, 탐구), 화가(예술), 공인회계사(관습), 전문기술자(현실)

나는 과학에 흥미가 많고, 과학적 이론을 실생활에 접목해 생활을 편리하게 하는 과학자가 되고 싶다. 법률가는 논리적으로 판단, 분석, 토론하는 것이 좋다. 화가는 자기 감정을 그림에 표현하니까 좋다. 공인회계사는 논리적 분석을 하니까, 전문기술자는 한 분야의 기술자가 되어 보는 것이 재미있을 것 같다. 결국 나는 논리적인 분석을 하는 것이나 전문적인 일을 가장 좋아해서 과학자가 우선순위이며, 나는 탐구형(탐험이)에 가깝다.

또 다른 탐구형 학생은 싫어하는 직업에 종교인이 있었는데, '사실도 아닌 것을 계속 믿고 집착하는 것이 싫어서'라고 대답하였다. 그러면서 좋아하는 직업을 환경공학 기술자라고 말하고는 '현실과 환경을 탐구하여 좀 더 나은 세상을 만들고 싶다'고 했다. 같은 탐구형이라도 더 현실적인 학생도 있다는 것을 알 수 있다. 탐구형의 많은 학생이 무엇인가에 목숨을 걸거나 헌신하는 것에 회의적이며, 신체적으로 활동하거나 두려워하는 것과 맞닥뜨리는 직업을 회피하는 경향을 보인다. 이에 반해 변리사, 발명가, 의사, 전문기술자, 컴퓨터 프로그래머, 의사, 대학교수, 연구원, 중고등학교 교사 등 지식을 연구하거나 탐구하는 직업을 선호하는 것으로 나타났다.

③ 예술형(멋쟁이)
- 상상력과 감수성이 풍부하고 창의성이 높은 유형

- 싫어하는 직업: 제조원(현실형), 카레이서(현실형), 상품판매원(사회형), 정치가(진취형), 관리자(진취형)

제조원은 묶여서 일하고, 반복적인 것이라서 싫다. 카레이서는 위험하다. 상품판매원은 비위를 맞추고 일부러 친절히 대해야 하는 것이 힘들다. 정치가는 복잡하고 책임이 크다. 관리자는 소비자나 민원인의 전화에 응대하는 것이 스트레스가 많아 싫다.

- 좋아하는 직업: 가수(예술형), 배우/연출가(예술형), 코디네이터(진취형), 디자이너(예술형), 제과제빵사(현실형)

노래 부르는 것이 행복하고 사람들에게 알려지고 싶어서 가수가 좋다. 배우, 연출가는 내가 연극 동아리에 참여했는데 연기하는 게 너무 재미있어서다. 코디네이터는 스타일을 연구해서 옷으로 예쁘게 꾸미는 것을 좋아하기 때문이다. 예쁘고 멋진 옷을 만들고 싶어서 디자이너가 좋고, 사람들에게 맛있는 빵을 만들어 주고 싶어서 제과제빵사가 되고 싶다.

결국 나는 '예술형(멋쟁이)'이다. 나는 활동적이지 않은 직업, 현실적인 직업을 싫어하는 것 같고, 차를 운전하는 등 기계를 조작하거나 위험한 것이 싫다. 하지만, 예능적인 것, 활동적인 것을 좋아하고 TV 등에 나오는 것이 좋다.

예술형 학생들은 기계를 조작하는 것, 복잡한 계산, 현실적인 것, 보수적인 것, 힘들고 위험한 직업, 가만히 앉아서 해야 하는 일, 책임감이 많이 따르는 일 등을 좋아하지 않는다. 싫어하는 직업이 은행사무원, 정치가, 농업인, 번역사, 종교인, 직업군인, 물리치료사, 투자 분석가, 의사, 바이어, 세무사, 간호사, 경찰관, 소방관, 건축가 등으로 정리되는데 예술형의 느낌이 확실히 난다. 타인을 보살피는 일, 책임지는 일보다는 내가 좋아하는 일을 하면서 사람들에게 영감을 주거나 보여 주는 것을 즐긴다. 이야기를 만들거나 무엇인가 창작하는 것을 좋아하고, 자신의 행복, 유명세를 추구하는 경향이 있다.

④ 사회형(친절이)

- 친절하고 봉사적이며 대인 관계가 원활한 유형
- 싫어하는 직업: 제과제빵사(예술형), 운동선수(현실형), 건축가(현실형), 경영컨설턴트(진취형), 투자 및 신용분석가(관습형), 항공기조종사(현실형), 우주공학기술자(현실형)

  설계, 분석, 투자, 능력을 보여 주어야 하는 것, 꾸미는 것, 색다른 아이디어를 내는 것, 가끔은 자신의 이익을 위해 진실을 덮어야 하는 것, 혼자 많은 연구를 해야 하는 것 등이 좀 싫다.

- 좋아하는 직업: 공무원(관습형), 상담전문가(사회형), 사회복지사(사회형), 사서(관습형), 교사(사회형)

  나는 서비스 관련직이 좋다. 상담전문가는 상담해서 남의 마음을 헤아리고 치료하고 싶어서 좋다. 사회복지사

는 어려운 사람을 도와주고 싶어서, 사서는 책 다루는 것
도 좋지만 사람들이 도서관 사용을 편리하게 하도록 도
와주고 싶어서, 교사는 아이들을 가르치며 돌봐 주는 것
이 좋아서이다.

결국 나는 '사회형(친절이)'이다. 혼자서만 하는 일이나
꾸미거나 보여 주고 창작하는 것이 어렵다. 그에 비해 사
람을 다루고 이야기를 많이 하며 사람들이 편리하도록
도와주는 일이 좋다.


사회형 아이들은 스스로 분석하기를 현실적인 것, 실제적인
것들에 매력을 느끼지 않는다고 한다. 스스로 창작하는 것, 자
신의 이익을 많이 추구하는 것은 재미가 없다고 한다. 이에 비해
누군가를 도와주는 것을 좋아한다. 조사하고 분석하는 것을 좋
아하는 사회형도 있는데, 조사 분석 그 자체를 좋아하는 탐구형
에 비해 사회형들은 이렇게 발견한 정보를 사람들을 돌보고 변
화시키는데 도움을 주는 것에 더욱 재미를 느낀다.


⑤ 진취형(씩씩이)

● 지도력, 설득력 있고 열성적이며 외향적인 유형

● 싫어하는 직업: 농업인(현실형), 버스 운전기사(현실형), 국악
인(예술형), 종교인(사회형), 소방관(현실형)

재배하는 것에 관심이 없다. 큰 자동차를 모는 것이 위험
해 보여 싫다. 노래감상은 좋아하지만 음악을 못 해서 국

악인이나 음악인은 싫다. 종교를 그냥 따르는 것이 싫다. 신체적으로 위험한 일들이 싫다.

● **좋아하는 직업: 공무원(관습형), 여행 안내원(진취형), 통역사/번역사(관습형), 법률가(진취형), 기업인(진취형)**

공무원은 일자리가 안정적이다. 여행 안내원은 새로운 여행지를 내가 계획을 짜서 안내해 주는 일이 재미있을 것 같다. 통역이나 번역 일은 다른 나라 언어를 하나로 통일하고 싶어서다. 판사, 변호사, 검사는 제대로 벌을 주고 억울한 사람을 도와주기 때문에 멋져 보인다. 기업인은 내가 기획하고 홍보해서 팔아 이득을 얻는 것이 재미있을 것 같다.

나는 '진취형(씩씩이)'이다. 내가 싫어하는 것은 사람들에게 얽매어 일을 해 주고 의지해야 하는 상황이 싫다. 그리고 예술적이고 섬세한 일이 좀 꺼려진다. 하지만 누군가를 설득하려고 설명하거나 말을 해서 도와주는 것이 좋고, 안내하고 소개하는 것이 좋다.

진취형 학생들은 다른 사람들에게 영향을 주는 일을 좋아한다. 타인을 이끌고 관리하는 일, 이를 통한 위신이나 인정받는 것에 관심이 많다. 진취형의 대표로는 정치가가 있다.

⑥ 관습형(성실이)
● 책임감이 강하고 계획적이며 사무능력이 높은 유형

- **싫어하는 직업**: 기자(진취형), 종교인(사회형), 음악인(예술형), 농업 기술자(현실형)

  기자가 남에 대해 캐내는 일이 싫다. 종교인 중에 종교에 빠져서 설교하고 강요하는 것이 싫다. 예술적인 것, 손으로 하는 작업, 만드는 것이 좀 싫은 것 같다.

- **좋아하는 직업**: 세무사(관습형), 공인회계사(관습형), 연구원(탐구형), 공무원(관습형), 외교관(진취형)

  나는 문서 정리하는 것, 계산하는 것이 좋기 때문에 세무사가 좋다. 장부를 계산하고 정리하는 것이 좋아서 공인회계사 직업도 끌린다. 사무적인 일을 좋아해서 공무원이 좋다. 꾸준히 연구해서 알아내는 것이 좋아서 연구원도 재미있을 것 같다.

  나는 예술적인 것, 안정적이지 않은 일에는 재미가 없다. 주로 사무적인 일, 정리, 꾸준히 할 수 있는 일들이 적성에 맞는 것 같다. 그래서 '관습형(성실이)'인가 보다.

관습형은 매우 성실한 학생이다. 쉽게 눈에 띠지 않지만 조용히 관망하고 정리하는 것을 잘한다. 관습형은 조변석개하는 다채로운 상황을 힘들어 한다. 반복적이고 예측 가능한 것을 좋아하고 안정적인 것에 끌린다. 관습형인 학생들이 공무원일 때 직업 만족도가 가장 높을 가능성이 많다.

이렇게 자신의 진로 유형을 찾아가는 과정에서 아이들은 자기가 무엇을 좋아하고 싫어하는지, 무엇을 쉬워하고 어려워하는지 성찰하는 귀한 경험을 하게 된다.

# 나의 강점과 다짐
## 나에게 맞는 진로 설계하기 ②

## 친구들의 진로 유형 알아보기

7차시가 나의 진로 유형을 찾고 나를 분석하는 시간이라면 8차시는 나를 좀 더 알기 위해 다른 유형을 알아보는 시간이다. 먼저 같은 유형과 만나서 서로의 유형에 대해 심도 있게 알아보고 미처 찾지 못한 자신의 특징을 친구를 통해서 발견할 수 있다. 같은 유형끼리 만나 이야기를 나누는 과정에서 가장 많이 나오는 말이 "아, 나도 그러는데!"다. 이제는 전체 진로 유형별 발표 시간에 다른 유형의 설명을 경청하면서 자기 유형과 비교함으로써 자신을 더 깊이 이해할 수 있다.

### 4단계 나와 같은 진로 유형과 만나 보기

같은 유형끼리 만나도록 한다. 의외로 관습형(성실이)이 많지 않고, 예술형이 많다. 예술형이 많은 경우에는 좋아하는 색깔별로 모둠을 나누는 식으로 집단 활동을 하게 한다. 각자 제1 직업을 서로 나누고 쓴다. 좋아하는 것, 싫어하는 것을 서로 이야기 하고 정리한다. 마지막으로 '나를 한마디로 표현한다면?'으로 자기의 특징을 깊이 생각하도록 할 수 있다. 1번에서 4번까지의 답은 4절의 고무자석 칠판이나 화이트보드, 4절 전지 등을 다양하게 이용하여 정리하도록 할 수 있다.

다음은 같은 유형끼리 만나 기록한 것을 바탕으로 각 대표가 나와서 특징을 발표한 내용의 사례다. 각 진로 유형이 정리한 것을 제시하면 그 특징이 더 확연히 느껴진다.

① 현실형, 실재형(뚝딱이)

1. 좋아하는 직업: 사육사, 운동선수, 기술자
2. 강점: 현실적, 핵심적, 활동하며 잘 배움, 만드는 것과 조작을 잘 함.
3. 약점: 복잡한 것이 싫음. 감정을 표현하라는 것이 귀찮음.
4. 나를 한마디로 표현한다면: 단순하게 살자.

② 탐구형(탐험이)

1. 좋아하는 직업: 발명가, 판사, 검사, 의사, 대학교수, 수학자, 물리학자, 핵융합 화학자
2. 강점: 아이디어, 수학, 사회, 게임, 사고력, 궁금증을 꼭 풀려고 한다, 끈기, 만들기, 발명, 책 읽기, 토론, 글쓰기, 지식 알려 주기
3. 약점: 재촉하면 스트레스를 받는다, 심심하면서도 바쁜

게 싫다, 미술, 그림 그리기<sub>특히 사람 그리기</sub>, 반복되
는 문제 푸는 것, 반복 학습

4. 나를 한마디로 표현한다면: 전구, 매(한번 시도한 것은 끝
이 날 때까지 낚아채지만 평
상시에는 온순하고 착하다),
나는 무엇이든 할 수 있다,
구름, 나는 나다.


③ 예술형(멋쟁이)

1. 좋아하는 직업: 방송작가, 치과의사, 연예인, 가수, 배우,
작가, 드러머, 연주가

2. 강점: 컬러링, 꾸미기, 긍정적, 그림 그리기, 노래, 밝음,
노래 가사 외우기, 상상하기, 미술, 활동, 무대에
서기, 음악 재능

3. 약점: 수학, 과학 같은 공부, 정리, 간지럼, 멍 때리기, 친
구와 싸움, 집중하기가 잘 안 됨, 가만히 있는 것
이 어렵다, 계산, 용기

4. 나를 한마디로 표현한다면: 좋아하는 것은 잘하고, 싫어
하는 것은 스트레스 만빵,
수다쟁이, 항상 밝지만 사소
한 것에 상처 입는 강아지,
장미, 먼지, 새, 변덕쟁이, 카
멜레온, 집돌이, 집순이

④ 사회형(친절이)

1. 좋아하는 직업: 교사, 상담사, 사회복지사, 의사, 요리사, 검사, 작가, 약사

2. 강점: 독서, 말 들어 주고 조언하는 것, 도움 주기, 가르치기, 성실, 열정, 달리기, 활발함, 부드러운 카리스마, 그림, 이야기 창작, 설득

3. 약점: 계산, 복잡한 일, 무시당하면 너무 힘듦, 화, 억지, 수학 숙제, 할 일 다 못 했을 때 스트레스가 큼, 비난에 약함, 무엇을 해야 할지 모를 때, 슬럼프

4. 나를 한마디로 표현한다면: 미어캣처럼 어울리기, 싫은 티 안냄, 나무(뭐든지 가만히 받고 있고 가끔은 많이 주는 나무), 뛰는 강아지, 카리스마 나무늘보, 아기상어, 거울(상대방이 하는 대로 나도 대한다)


⑤ 진취형, 기업형(씩씩이)

1. 좋아하는 직업: 여행안내원, 변호사, 검사, 작가, CEO

2. 강점: 말하기, 글쓰기, 설득하기, 기획하여 해 나가기

3. 약점: 수학, 사회

4. 나를 한마디로 표현한다면: 신호등, 문학소녀, 주도자

⑥ 관습형(성실이)

1. 좋아하는 직업: 세무사, 공무원, 검사, 은행원
2. 강점: 무엇이든 정리하는 것
3. 약점: 남에게 표정을 숨기지 못하는 것
4. 나를 한마디로 표현한다면: 공무원

5단계 나와 다른 진로 유형과 만나 보기

발표가 끝나면 다른 유형들이 발견한 것을 이야기할 수도 있고, 질문할 수도 있다. 각 유형이 활동하는 것을 보면 그 성격도 드러난다.

실재형현실형의 경우 제일 빨리 작업을 끝낸다. 매우 간단하게 작성하고, 핵심만 제시한다. 뜬구름 잡는 이야기가 싫다고 한다.

그에 비해 예술형 학생들은 서로 독특한 세계를 가지고 있어서 각자의 의견을 요약하기보다는 다 채워서 쓰려고 한다. 그래서 서로 의논한 것을 적는 과정에서 복잡하게 작성한다. 복잡하다 못해 산만한 작성이 예술형의 특징이다. 친구들의 의견을 줄여서 말하기보다는 모든 의견을 각각의 독립된 의견인 듯 발표하는 모습을 많이 본다. 아울러 자신들을 한마디로 나타내는 용어가 '집순이', '집돌이'란다. 어디 돌아다니고 나가는 것을 싫어한다는 것이다. 특별히 무슨 일을 하는 것은 아니지만 집에서 그냥 있는 것이 편하고 좋다고 한다. 이런 설명을 들었을 때, 문득 집에만 있으려고 하는 내 아들이 떠올랐다. '내 아이만 그런 게 아니구나' 싶어서 안심한 기억이 있다.

탐구형 학생들이 나오면 아이들이 싱글거리며 쳐다본다. "역시, 공부 잘하는 녀석들이네." 하며 이야기하고 이런 친구들의 반응에 얼굴이 빨개지고 너스레를 떨 줄 모른다. 하지만 단호하고 명확하게 본인들의 색깔을 말하는 모습은 제법 당당하다.

사회형은 얼굴 자체에 미소를 띠고 발표하는 경우가 많다. 자연스럽게 미소 짓는 것은 관계를 중시하는 그들의 특성을 나타낸다. 사람 중심의 성격이기에 관계에 상처를 많이 입으면서도 관계 속에서 도움을 주는 직업을 지향한다.

진취형은 사람들을 설득하고, 목표를 향해 돌진하는 사람들이다. 스스로 설득력이 있다고 할 만큼 정치적이다. 마치 기업가처럼 상대를 자신에게 따르도록 하는 힘이 있다.

관습형은 그야말로 성실하다. 발표할 때도 큰 소리 내지 않고 조근조근 발표한다. 역사 등 과거에도 관심이 많다. 진취형이 미래 지향이라면 관습형은 과거 지향의 성실맨이다.

이렇게 발표하고 나면 아이들이 질문한다.

"선생님, 좋아하는 직업 유형이 다섯 개나 되는데 어떻게 해요?"

"난, 사회형 두 개, 탐구형 두 개인데요?"

이들에게는 다섯 개 직업 중 가장 원하는 직업의 유형으로 선택하라고 조언한다.

또 다른 질문은 만나서 활동하면서 같지만 왠지 다른 면도 많다는 것이다. 같은 탐구형인데, 어떤 아이는 혼자 하는 것을 좋아하고 다른 아이는 연구한 것을 사람들과 적극적으로 나누는 것을 좋아한다. 이 진로 유형은 홀랜드 진로 유형 검사로 전문적인 심리검사를 하면 같은 탐구형이지만 그 뒤에 따라오는 유형은 다른 모습으로 나타난다.

"같은 탐구형이지만, 그 다음으로 따라오는 유형이 현실형인지 사회형인지 진취형인지에 따라 다르지요. 탐구형인데 현실형이 따라오는 사람은 조작이나 기계를 좋아하기 때문에 매우 학구적이고 순수학문에서 두각을 나타낼 때가 많아요. 하지만 탐구형인데 사회형이 뒤따라 오는 사람은 자신이 연구하고 발명한 것들을 사람들에게 알려서 제자를 길러내거나 사람들을 돕는 데 쓰는 것을 더 재미있어 한다는 겁니다."

나의 설명에 아이들은 고개를 끄덕이며 이해한다.

"그리고 이 진로 유형은 기본은 그대로 유지되지만, 상황과 경험에 따라 그 정도나 모양이 달라져요."

"선생님, 그런데 저는 꿈이 제과제빵사인데 진취형이거든요? 직업이 안 맞는 거예요?"

이렇게 아주 중요한 질문을 하는 아이가 있다. 난 좋은 질문이라고 말하고 그 이유를 말해 준다.

"모든 유형이 같은 직업을 가질 수 있어요. 하지만 그 직업을 갖고 살면서 추구하는 바가 달라지는 거예요. 예를 들어 뚝딱이현실형 제빵사는 손을 이용해서 빵을 만드는 그 자체를 재미있어 하는 것이고, 탐험이탐구형 제빵사는 건강에 좋은 빵이나 새로운 아이디어를 개발해서 색다른 빵을 만드는 것에 관심을 둘 수 있지요. 멋쟁이예술형 제빵사는 화과자처럼 멋지고 보기 좋은 빵을 만들려고 하고, 친절이사회형 제빵사는 자신이 만든 것을 손님에게 대접하고 판매하면서, 손님과의 상호작용 그 자체를 좋아하는 것이고요. 손님들이 자신이 만든 빵을 맛있게 먹고 만족해하는 것에서 행복을 얻겠지요. 그리고… 씩씩이진취형 제빵사는 제빵사로 성공하기 위해 자신의 빵집을 확장하고 체인점을 내고, 사업을 확장하는 것에 관심이 많을 거예요. 우리가 잘 아는 체인형 제과점 대표들이 그런 유형일 가능성이 많겠지요? 마지막으로 성실이관습형 제빵사들은 자신이 개발한 빵을 정확하고 세밀하게 만들면서 손님에게 판매하고 성실하게 가게를 운영하는 것을 잘할 겁니다."

가르치다 보면 아이들이 예리한 질문을 하고 그 답을 찾아 설명하기 위해 나의 지식을 총동원할 때가 있다. 제빵사에 빗댄 여섯 가지 분석은 아이들을 이해시키기 위한 교사의 열망으로 지식들이 갑자기 연합되면서 나온 대답이다. 결과적으로 아이들은 '아하!' 하고 반응하고, 그런 질문을 했던 아이의 얼굴이 밝아진다.

같은 직업을 선택해도 그 안에서 무엇을 추구하는지에 따라 직업적 색깔은 많이 달라진다. 교사도 마찬가지일 것이다. 개인적으로 나는 무엇을 추구하는가? 교사로서 수업이 가장 중요하다는 본질을 성찰하고자 하는 열망에 수석교사가 되었다. 하지만 수업 중에 나는 학생들과 상호작용이 잘 안 될 때 가장 절망한다. 가장 행복할 때는 아이들이 자신의 마음을 열고 속마음도 이야기하면서, 서로 존중하며 성장하는 순간이고, 그때는 웃음도 나고 행복해진다. 그래서 나는 '사회형'이다. 물론 다른 유형의 정도도 낮지 않지만 말이다.

## 진로 내면화하기

### 6단계 진로 사명서 쓰기

이런 작업이 끝나면 '나의 진로 사명서'를 작성한다. 이제까지 활동한 것들을 정리하고, 자신에게 이야기하면서 내면화하는 것이다. 도널드 마이켄바움Donald Herbert Meichenbaum의 '자기 교시법'이라는 이론적 근거를 내세우지 않더라도, 진로 사명서를 작성하는 과정에서 아이들은 내가 누구이고 무엇을 좋아하는지, 어떻게 살고자 하는지, 어떻게 살아야 하는지 생각하게 된다.

나의 친구들은 나를 **뚝딱**이라고 부른다.

나의 친구들은 나에게 운동을 잘 한다고 한다.

나는 운동은 대부분 잘한다.

나는 친구들과 운동하고, 동물 기르는 것을 좋아한다.

그래서 내가 원하는 직업은 운동선수, 체육교사다.

이유는 내가 운동신경이 좋고, 사람들과 신체적으로 교류하고 가르치는 것을 좋아하기 때문이다.

나는 집에서 체력을 기르기 위한 운동을 꾸준히 하겠다고 약속한다.

나는 학교에서 친구들과 사이좋게 지내고 운동을 못하는 친구를 돕겠다고 약속한다.

나는 친구들에게 도움을 주겠다고 약속한다.

따라서, 나는 운동을 잘하는 장점을 살려 운동선수나 체육교사가 되겠다고 다짐합니다.

## 탐구형 학생이 쓴 진로 사명서

나의 친구들은 나를 자몽이라고 부른다.

나의 친구들은 나에게 공부와 토론을 잘한다고 한다.

나는 수학과 과학, 독서, 토론을 잘한다.

나는 친구들과 어울리며 이야기하고 사진 찍는 것, 수학의 전반적인 부분, 물리와 화학을 좋아한다.

그래서 내가 원하는 직업은 수학자, 화학자, 핵융합 물리학자다.

이유는 수학과 과학 이론으로 신기술을 개발하여 생활을 편리하게 하는 것을 희망하기 때문이다.

나는 집에서 수학과 과학책을 많이 읽고 그 부분의 심도 있는 지식을 축적하겠다고 약속한다.

나는 학교에서 친구들과의 우정을 다지고 공부를 열심히 하겠다고 약속한다.

나는 친구들에게 신뢰를 주겠다고 약속한다.

따라서, 나는 수학과 과학적인 측면에서 새로운 이론을 발표하여 신기술을 개발한 결과로 생활을 편리하게 하겠다고 다짐합니다.

예술형 학생이 쓴 진로 사명서

　나의 친구들은 나를 멋쟁이라고 부른다.
　나의 친구들은 나에게 드럼 치는 것을 잘한다고 한다.
　나는 영어와 웃기는 것과 드럼 치는 것을 잘한다.
　나는 친구들을 웃기고, 어울리고, 함께하고, 음악 듣
는 것을 좋아한다.

　그래서 내가 원하는 직업은 드러머다.
　이유는 나는 음악을 좋아하고, 드럼 칠 때 내가 즐겁
고 사람들에게도 즐거움을 주기 때문이다.

　나는 집에서 드럼 연습을 꾸준히 하겠다고 약속한다.
　나는 학교에서 친구들과 잘 어울리고 함께할 것을 약
속한다.
　나는 친구들에게 따스한 관심을 가져 줄 것을 약속
한다.

　따라서, 나는 재능 있고 다른 사람들에게 인정받고 즐
거움을 주는 드러머가 되겠다고 다짐합니다.

나의 친구들은 나를 친절이라고 부른다.

나의 친구들은 나에게 정리하는 것을 잘한다고 한다.

나는 수학과 정리정돈, 나에게 맡겨진 일을 잘한다.

나는 가족 친구들과 같이 이야기하고 산책하는 것을 좋아한다.

그래서 내가 원하는 직업은 초등교사다.

이유는 교사가 되어 초등학생들을 따뜻하게 잘 가르쳐 주고 싶기 때문이다.

나는 집에서 책을 많이 읽겠다고 약속한다.

나는 학교에서 친구들을 배려하겠다고 약속한다.

나는 친구들에게 어떤 상황이더라도 최선을 다해 도와주겠다고 약속한다.

따라서, 나는 학생들을 배려하며 행복해서 웃음꽃이 피는 교실을 만드는 초등학교 선생님이 되겠다고 다짐합니다.

나의 친구들은 나를 씩씩이라고 부른다.

나의 친구들은 나에게 지도력이 좋고 계획 세우기를 잘한다고 한다.

나는 토론, 말하기, 발표, 영어를 잘한다.

나는 발표하는 것을 좋아하고 운동 또한 좋아한다.

그래서 내가 원하는 직업은 변호사다.

이유는 억울한 사람을 정당하게 판결을 받도록 도와주고 싶기 때문이다.

나는 집에서 책을 많이 읽겠다고 약속한다.

나는 학교에서 친구들 간에 다툼이나 갈등이 생기면 적극 나서서 해결하겠다고 약속한다.

나는 친구들에게 차별하지 않겠다고 약속한다.

따라서, 나는 억울한 사람들 모두 정당하게 판결 받게 하겠다고 다짐합니다.

## 관습형 학생이 쓴 진로 사명서

나의 친구들은 나를 역사학자라고 부른다.
나의 친구들은 나에게 줄넘기를 잘한다고 한다.
나는 역사와 정리를 잘한다.
나는 발표하는 것, 만들기를 좋아한다.

그래서 내가 원하는 직업은 세무사다.
이유는 나의 적성에 맞는 직업인 것 같기 때문이다.

나는 집에서 부모님께 말대꾸를 하지 않겠다고 약속한다.
나는 학교에서 발표를 열심히 하며 수업에 적극 참여하겠다고 약속한다.
나는 친구들에게 친절하게 대해 주겠다고 약속한다.

따라서, 나는 의뢰인의 의뢰를 받아 세금 계산을 잘하는 세무사가 되겠다고 다짐합니다.

아이들이 쓴 사명서를 보면 6학년인데 이미 어른만큼의 의지를 갖거나 갖기 시작하는 느낌이 들어 놀랍다. 아울러 순수함과 선한 의지를 가지고 있다는 생각에 뿌듯하다. 아이들이 꿈을 제대로 펼칠 수 있는 희망적인 세상이 되었으면 좋겠다. 여전히 꿈이 무엇인지 구체적으로 잡히지 않는 것 같다는 아이도 있고, 우리 사회의 현실을 이미 겪어 보거나 들어 본 아이들은 이런 작업에 소극적이긴 하지만, 최소한 내가 무엇에 강점이 있는지 성찰해 보는 귀한 시간이 되었으리라 생각이 된다.

# 공동체를 생각하는 진로 설계

## 우리를 위한 진로 설계

### 공동체에서 자신의 역할을 상상하며 진로 찾기

진로교육에서 가장 많이 하는 활동 중 하나가 꿈이 무엇인지 알아보는 것이다. 다들 무엇이 되고 싶다고 말을 한다. 그러나 가끔은 모르겠다고, 고민 중이라는 아이도 있다. 그 아이들이 솔직하게 말한 것을 중학생 중에는 1년간 자유학년제를 하고도 내가 뭘 하고 살아야 하나 대강이라도 생각하지 못하는 경우를 본다. 매일 성실하게 자신의 학업이나 과제를 잘해 내며 살고 있음에도 말이다.

이런 아이들에게는 좀 더 시간이 필요하고, 꿈을 구체화하는 것은 20대에 해도 늦지 않다. 부모나 교사가 조급함을 버리고, 아이가 성실하게 꾸준히 생활한다면 자신의 길을 자연히 발견하리라 믿는 태도가 중요하다. 사실 대부분이 그렇지만, 아직 진로를 결정하지 못한 아이들은 자기가 사는 사회를 알아보면서, 자신의 힘으로 사회를 긍정적으로 바꾸거나 누군가에게 도움이 되기 위해 무엇을 해야겠다고 생각하면서 자기 진로를 찾을 수 있을 것이다. 자신이 속한 공동체를 생각하면서 겪는 마음속 변화를, 꿈을 갖는 기회로 삼는 것이다. 나는 아이들에게 이렇게 물어본다.

"무엇이 되고 싶은지 여러 가지 생각이 있는 것은 이해해요. 그렇다면, 나를 위해서가 아니라 내 주변의 사람들, 우리나라의 구성원으로서 어떤 도움을 주고 싶지요? 그러니까, 남을 위하면서도 네가 하고 싶은 일이 있나요?"

개성이 강조되고 개인의 인권이 중요시되면서 '너는 누구니?', '너는 무엇을 하고 살래?' 등 개인에 초점을 맞춘 질문을 많이 한다. 물론 나를 제대로 아는 것은 중요하다. 그런데 나는 우리이기도 하다. 우리라는 울타리의 한 구성원. 내가 살고, 나에게 많은 것을 주는 사회의 구성원으로서 나는 무엇을 할 수 있는지 아이들에게 우리 속의 나를 생각하는 기회를 주어야 한다.

"여러분은 참 소중한 사람입니다. 지금 자신의 모습을 보세요. 여러분이 입고 있는 옷, 신발, 머리 스타일, 학용품 등등 여러분이 가지고 있는 것 중 여러분이 스스로 만들어서 가지고 있는 것이 있나요? 머리끝부터 발끝까지 우리 사회의 구성원들이 각자의 영역에서 만든 것들을 구입해서 사용하는 것이지요."

"돈이면 다 살 수 있잖아요?"

"돈이면 다 살 수 있지요. 하지만, 아무리 돈이 많아도 그것을 만드는 사람이 없다면 우리는 당장 먹고 입고 자는 등등 생활하는 데 많은 어려움을 겪을 거예요. 생선을 잡고 운송하고 파는 사람이 없으면 우리는 직접 바다로 가서 생선을 잡아와야 하지요. 아마 옛날 원시인처럼 아침에 일어나서 잠들 때까지 먹을 것을 찾아 헤매야겠지요. 맞지요?"

"예."

"그만큼 우리 사회는 서로 도움을 주고받으면서 살고 있어요. 지금 여러분은 아직 어리기 때문에 사회가 일방적으로 도움을 주고 있어요. 따라서 여러분이 어른이 되면 이 받은 것들을 사회에 갚아야지요. 공부는 왜 할까요?"

"좋은 직업 가지려고요."

"그 말도 맞아요. 솔직히 요즘은 그 말이 많은 사람의 생각이 되었어요. 공부는 나 자신을 위해서 하는 것이지요. 하지만 나한테도 좋고, 주변의 다른 사람들도 도울 수 있으면 더 좋겠지요? 그러려면 능력이 필요해요. 내가 받은 만큼은 아니더라도 사회에 작게라도 돌려줄 수 있어야 하지요. 그것을 위해 여러분한테 의무교육을 시키는 거예요."


## 사회 문제 해결을 고민하면서 진로 설계하기


"여러분 꿈, 모두 소중합니다. 여러분 자신을 위해서도 중요하지만 우리 사회를 위해서 여러분이 꿈을 어떻게 활용할 수 있는지 생각해 봅시다. 우리 사회의 문제점은 무엇이 있지요?"

"인구가 점점 줄어들고, 아이를 낳지 않고 있어요."

"부자와 가난한 사람의 차이가 너무 커지고 있어요."

아이들은 사회 시간이나 뉴스 시청을 통해 알게 된 것들을 꺼내 놓는다. 환경문제, 남녀 차별 문제, 통일 문제 심지어는 청소년 자살까지 말하는 아이도 있다. 아이들의 의견을 들은 후 책을 소개한다.

"생각보다 많이 알고 있네. 그래서 그런 것들을 정리한 책을 소개할까 합니다."

《우리나라가 100명의 마을이라면》배성호 지음, 허구 그림, 푸른숲 주니어, 2014은 우리 사회의 문제를 알기 쉽게, 그리고 정확하게 쓴 이야기다. 초등교사이자 역사 강사로도 유명한 선생님이 쓴 어린이 대상 책인데, 수업 활용 가치가 높다. 100명은 100%를 뜻한다. 실제 수치로 나타낸 자료보다는, 수치를 백분율로 변환했을 때 좀 더 이해하기 쉬운데, 6학년 수학에서는 비율 및 백분율을 배우기 때문에 사회 시간뿐만 아니라 수학 시간에도 활용할 수 있다. 나는 이 책을 진로교육에 활용했다.

처음 이 책을 접하고 적용할 때는 지역 문제, 집주택 문제, 나이저출산 고령화 문제 등 열다섯 가지 문제를 하나하나 같이 읽으며 각 주제의 핵심을 찾고 요약, 정리하는 시간을 마련했다. 속도를 내어 묵독하고 바로 핵심문장이나 문단을 찾도록 하고, 내용을 이야기하며 공유한다. 국어 시간에 중심 문장을 찾는 성취 기준을 배우는 것이라면 좋을 것이다. 그러나 국어 시간처럼 될 가능성이 있고, 국어 시간처럼 되지 않기 위해 교사가 개입을 많이 하면, 시간에 쫓겨 일방적으로 끌어가기 쉽다. 이런 상황에서 교사는 빠듯하지만 내용을 마쳤다며 만족할 수도 있다. 그러나 아이들은 뭔가 휙 지나간 것처럼 느껴 마음에 남는 것이 없게 된다.

처음 진로교육을 할 때, 공동체성을 생각해 주기 바라는 내 마음이 너무나 커서 아이들은 강요당한 것으로 느끼는 경우가 생겼고, 국어 시간 또는 훈계적인 도덕 시간이 된 듯 서로 체력을 소진한 분위기에서 수업을 끝낸 경험이 있다. 이런 사태가 발생하지 않게 하려면 교사의 욕심을 조금 내려놓을 필요가 있다.

두 명 당 한 권씩 책을 나눠 주고, 함께 조용히 읽으며 스스로 문제점을 뽑아내도록 하는 것이 효율적이다. 우리나라의 모든 문제점을 아이들이 인식하면 좋겠다는 교사의 욕심을 내려놓고, 아이들이 사회의 문제점을 스스로 생각하도록 믿고 맡기는 여유와 용기가 필요하다.

수업의 순서는 이렇게 '활동1. 우리나라의 문제점 뽑아내기'를 한 후, '활동2. 내가 생각하는 문제점'을 하나 선택하도록 한다. 이것을 끝내면 '활동3. 나의 꿈, 우리의 꿈'이라는 주제로 나를 위해서 뿐만 아니라 '우리'를 위한 진로 방향을 잡도록 한다.

두 학생의 진로 설계를 예시해 보겠다.

■ 과학자가 꿈인 학생의 사례

| 활동 1. 우리나라의 문제점 뽑아내기 | |
|---|---|
| 선택한 문제 | 우리나라의 문제 상황 |
| 7. 청소년의 수면 문제 | 청소년에게 필요한 수면 시간은 9시간, 그러나 지나친 학업량과 치열한 경쟁 속에서 평균 수면 시간은 7시간, 늘 4~5시간만 자며 힘들어 한다. |
| 12. 빈부 격차 | 마을에서 가장 잘 사는 10가구는 한 달에 930만 원을 번다. 반면 가장 가난한 10가구는 한달에 87만원을 번다. |

| 활동 2. 내가 생각하는 문제점 |
|---|
| • 문제: 빈부 격차<br>• 이유: 빈부 격차가 심해지면서 잘사는 사람은 더 잘살고, 못사는 사람은 빚에 허덕이며 못살면서 경제적인 어려움을 겪는다. 돈이 부족하면 물질적 차원에서 부족해지고 결국 삶의 의욕을 잃게 된다. |

| 활동 3. 나의 꿈, 우리의 꿈 | |
|---|---|
| 직업명 | 수학자, 화학자, 물리학자, 핵융합 연구가(상온핵융합) |
| 성공한 사람 | 레온 하르트 오일러, 리만, 알베르트 아인슈타인 |
| 하는 일 | 수학과 과학적 측면에서 연구, 개발하여 신기술을 개발, 접목시켜 생활을 편리하게 한다. |
| 이 꿈을 이루기 위해 내가 할 일 | 수학, 과학에 대한 지식을 축적하며, 관심을 가지고 호기심을 품는다. |
| 내가 생각하는 우리나라 문제점 | 빈부 격차 |
| 내 꿈으로 이 문제를 해결할 방법 | 신기술 개발은 가난한 사람을 대상으로 하여 이용하도록 노력하며, 가난한 사람을 배려하도록 노력할 것이다. |

■ 초등교사가 꿈인 학생의 사례

| 활동 1. 우리나라의 문제점 뽑아내기 | |
|---|---|
| 선택한 문제 | 우리나라의 문제 상황 |
| 3. 나이 | 마을은 아이 수가 점점 줄고, 노인 수는 점점 많아지고 있다. 2050년에는 우리 마을에 60세가 넘는 사람이 42명이 될 거라 합니다. |
| 14. 에너지 | 에너지를 얻는 방법 중 85%는 석유, 석탄, 가스 등의 화석연료다. 이 화석연료는 계속 쓰면 언젠가 바닥이 나고 환경오염을 일으키는 단점이 있다. |

| 활동 2. 내가 생각하는 문제점 |
|---|
| • 문제: 어린이와 청소년 |
| • 이유: 어린이들이 학업 등으로 인해 많은 스트레스를 받고 있다. |

| 활동 3. 나의 꿈, 우리의 꿈 | |
|---|---|
| 직업명 | 초등교사 |
| 성공한 사람 | 5학년 때 담임 선생님 |
| 하는 일 | 초등학교에서 1~6학년까지 초등생들의 모든 과목을 가르쳐 준다. |
| 이 꿈을 이루기 위해 내가 할 일 | 책을 자주 읽고, 잘 가르치기 위해 노력한다. 우선 교육대학교에 가기 위해 전과목 공부를 열심히 할 것이다. |
| 내가 생각하는 우리나라 문제점 | 어린이와 청소년 |
| 내 꿈으로 이 문제를 해결할 방법 | 너무 억지로 초등생들을 가르치면서 스트레스를 주지 않도록, 스트레스를 최소화하도록 도와줄 것이다. 초등학생들에게 공부하는 즐거움을 줄 것이다. |

우리나라의 현실을 알아보는 과정은 '진로 환상기'에서 벗어나게 하려는 의도도 있다. 가끔 어느 시기에 유행하는 드라마 등 미디어의 영향으로 특정 직업이 유행하는 때가 있다. 화려한 모습에 매료되는 것은 당연하고 재미있어 보이니 꿈을 꿀 만하다. 그러나 그 직업을 얻기 위한 과정이나 얻고 나서의 어려움을 알아보는 과정에서 그래도 하고 싶은지 생각해 보는 기회는 중요하다. 더불어 우리나라의 문제점을 알아보는 과정에서 학생들은 함께 살아가는 사회인으로서의 기능에 대해 이해하게 된다. 우리 사회의 문제점과 자신이 희망하는 진로를 연결하면서, 자기 적성에 맞는 직업을 더욱 구체화할 수 있다. 아이들에게 막연히 사회에 대한 봉사를 언급하는 것보다는 자신의 꿈과 연결해 사회적 역할을 이해하면 자기 꿈에 대한 동기화가 강화된다.

이런 과정이 너무 거창하거나 훈계로 흐르지 않도록 해야 한다. 제시된 자료를 읽고 느끼고 자신의 꿈과 접목하는 과정은 아이들에게 나를 너머 우리를 생각하는 기회가 된다.

활동 소감

# 모든 아이에게는
# 저마다 맞는 공부법이
# 따로 있다

## 배움에 왕도는 없다

공부를 잘하고 싶지 않은 아이가 있을까? 학령기 아이들은
누구나 공부를 잘하고 싶은 마음이 있다. 그것이 잘 격려가 되
고 적절하게 성공하면 우등생으로 칭찬받으며 자존감까지 높아
지는 경우도 있다. 그러나 학업에서 실패하면 아이들은 좌절감을
경험할 수밖에 없다. 이것이 반복되면 아이들은 '학습된 무기력'
상태에 빠질 수 있다. 즉, 실패의 경험을 반복하면서 그와 유사
한 상황에서 아이는 무기력을 느끼며 어떤 노력의 시도조차 하
지 않는 지경에 이른다는 것이다. '수포자수학포기자'라는 말이 아
이들 사이에 공공연한 것도 이런 의미일 것이다.

학습된 무기력도 안타깝지만, 이런 좌절감이 다른 부정적
인 것, 예를 들면 친구들을 공격하거나 교실 수업 분위기를 방해
하는 등의 복수로 나타나는 경우는 더욱 우려스럽다. 청소년 비
행 원인 중 학업 좌절로 추락한 자존감을 채우려는 행위 즉, '거

짓된 자존감' 때문이라는 연구 결과도 있다. 한 청소년상담 관련 사이트에서 가장 많은 주제가 공부와 관련된 것이었다는 통계 자료도 아이들은 저마다 공부를 잘하고 싶어 한다는 것을 방증한다.

그러나 이렇게 공부를 잘하고 싶어 하는 아이들에게 우리는 '공부를 열심히 해야 한다'라는 말은 하지만, 막상 어떻게 하면 공부를 잘할 수 있는지에 대한 이야기는 하지 않는다. 이야기를 하더라도 교사는 자신의 학습 방법을 소개하는데, 그 방법이 유용한 학생도 있지만 아이들의 학습 스타일은 저마다 다르기에 항상 유효한 방법이 되지는 않는다. 자신의 학습 스타일을 알고 잘 활용하여 꾸준히 하는 아이들이 결국 공부를 잘할 수밖에 없다. 자기 학습 스타일을 아는 영리한 아이도 있지만, 무작정 앉아서 늘 1단원이 시커멓게 될 때까지 공부하기만을 반복하는 아이가 대부분이다.

한 아이에게 물고기를 먹이고자 할 때, 어떤 어른은 물고기를 잡아다 손질해서 턱 앞까지 가져다 준다. 또 어떤 어른은 물고기 잡는 방법을 가르쳐 준다. 또 다른 어른은 물고기의 맛을 느끼게 해 주고 그런 물고기를 잡고자 하는 열망을 마음속에 키워 준다. 바다에 나가서 고기를 잡고 싶다는 마음이 그득해야 비로소 행동하게 되고 자발적으로 고기를 잡는 것이다.

이 셋 중 맨 마지막 어른이 가장 좋은 교사다. 교육에 있어 고기를 잡고 싶다는 열망을 갖게 하는 '동기화'는 모든 교사의 과제다. 하지만 아이 수준에 따라 가끔은 물고기 잡는 시범을 보이고, 가끔은 강제로 물고기를 먹게 할 수도 있다. 공부를 잘하는 아이들은 자신이 언제, 어떤 환경에서, 어떤 방법과 스타일로 고기를 잡을 때 잘 잡는지 안다. 이것을 교육심리학에서는 '초인지meta cognition'라고 한다. 초인지는 마치 자신의 인지과정배우는 과정을 위에서 모니터링 하면서 효과적, 효율적으로 배우는 환경을 조성하는 배움의 관제탑, 인지의 인지다. 이것은 나의 학습 스타일을 이해하고 성찰해야 가능하다. 강점과 약점을 찾아 활용하고 보완하는 과정이 있어야 공부를 공부답게 할 수 있다.

이를 테면 새벽에 해야 공부가 잘되는 새벽형이 있는 것처럼 아침형, 오후형, 저녁형, 밤형, 오밤중형이 있을 것이다. 환경도 마찬가지다. 조용한 도서관에서 잘되는 아이가 있는 반면, 약간 소음이 있어야 잘되거나, 아예 시끌벅적한 곳이 더 잘 맞는 학생도 있다. 나는 너무 조용하면 잠이 와서 차라리 공개된 넓은 책상의 도서관에서 공부하는 것이 효율적이었다. 또 정리와 필기를 해야 공부가 잘되는 아이도 있고, 그렇지 않은 아이도 있다. 혼자 해야 하는 아이, 친구와 퀴즈를 내고 풀며 같이 해야 잘되는 아이, 여럿이 스터디할 때 잘되는 아이도 있다. 심지어 공부방 색깔이 분홍빛보다는 푸른 계열일 때 더 잘 된다는 색채 심리학자들의 의견도 있다.

결국 학습을 효율적으로 한다는 것은, 자신의 뇌 기능을 활성화시켜 제대로 처리해서 외우고 필요할 때 잘 꺼내는 능력일 것이다. 주의 집중을 하여 정보를 제대로 파악하는 능력주의attention와 지각perception, 그것을 단기기억으로 잘 넘겨서 자료들을 잘 묶어 수용하고 장기기억으로 넘기는 시연외우기이나 부호화를 효과적으로 하는 역량이다.

6학년 아이들이 본격적으로 공부를 시작하는 중1을 앞두고 어느 정도 동기화되어 있는 상황에서 나는 아이들에게 자기 학습 전략의 강점과 약점을 찾고 성찰하는 이 기회가 배움을 즐거워하지는 않더라도 최소한 혐오하지는 않는 학생이 되도록 하는 지름길이라고 생각한다. 교사의 다양한 역할 중 가장 본질은 '배움을 즐기는 사람'이 되도록 돕는 것이라고 믿기 때문이다.

## 나에게 맞는 기억 전략 찾기

아이들에게 공부를 잘하고 싶은지 물어본다. 가끔 "공부를 왜 하는지 모르겠다"며 공부를 꽤 하는 아이가 삐딱하게 대답하기도 한다. 그 아이와 이야기를 나누다 보면 공부를 잘하고 싶은데 노력만큼 그 결과가 잘 나오지 않거나, 너무 많은 학원 숙제에 지쳐서 숙제에 대한 혐오가 있는 것이지 공부에 대한 혐오는 아님을 알게 된다. 이런 심각한 이야기를 하고 나서 '시장에 가면' 게임을 한다.

아이들은 공부는 싫어해도 게임은 즐거워하기 때문에 아이들은 신나게 동참한다. 첫 아이가 '시장에 가면 떡도 있고', 두 번째 아이가 '시장에 가면 떡도 있고 사과도 있고', 세 번째 아이가 '시장에 가면 떡도 있고 사과도 있고 오징어도 있고…' 이런 식으로 앞에 한 아이들의 낱말을 다 말하고 자신의 것을 덧붙여 말하고 넘기는 게임이다. 이것은 장기기억으로 넘기는 '누적 반복 전략' 연습이다. 놀라운 것은 처음 게임할 때는 네다섯 번째에 걸리던 아이도 계속 반복해서 놀면 회수가 점점 늘어난다는 것이다. 한 2학년 학생은 아홉 번째까지 하는 경우도 있었다. 중요한 것은 이 게임을 하는 과정에서 누가 잘 외우는가보다 어떻게 외우는가를 이야기하는 것이다. 어떤 아이들은 앞에 친구들이 말할 때 그 친구 얼굴과 물건을 이미지화해서 외운다는 아이도 있었다. 6학년 아이들에게는 이 게임을 하면서 기억에 대한 요령과 더불어 결국 배움이란 이렇게 이미 알고 있는 것에 덧붙여 가는 과정이라고 '수업 열기'의 방법으로 활용한다.

'기억 게임'도 아이들이 스트레스를 느끼면서도 즐거워하는 게임이다. 칠판에 20~24개의 낱말을 미리 써 놓는다. 시간을 3분 주고 나름의 방법을 활용해 외우게 한다. 눈이 게슴츠레하던 아이들까지도 눈을 번쩍이며 열심히 외운다. 손으로 쓰는 아이, 중얼거리는 아이 제각각이다. 3분이 지난 후 포스트잇을 주고 기억나는 낱말을 순서 없이 쓰게 한다. 쓰다가 막히면 아이들은 오만상을 찌푸리거나 허공을 멍하니 보며 생각에 잠긴다. 그렇게 열심일 수가 없다. 종이를 걷어 모둠별로 바꾸어 정답을 보고 채점하고, 친구에게 돌려준다. 그러면서 '비밀 보장'을 외치도록 하여 서로 상처가 되지 않도록 배려한다.

이 게임의 목적은 각자 기억하는 방법이 다르다는 것을 이해하고, 나의 방법과 친구의 방법을 참고하여 나에게 맞는 방법을 찾는 것이다. 그리고 많은 수를 외운 아이들이 쓰는 방법을 들으면서 '무작정' 외우는 것이 아니라 효율적으로 외우는 것의 중요성을 아이들 스스로 깨닫도록 한다.

왕건 책상 김밥 에펠탑 사과
의자 라면 경복궁 세종대왕 토끼
너구리 피사탑 알렉산더 복숭아 공책
연필 칠판 참외 피라미드 손오공
필통 샌드위치 만리장성 백두산 포도

예를 들어, 위의 내용을 아이들에게 3분 보여 주고 각자 외우게 한 후, 나누어 준 포스트잇에 쓰도록 한다. 다 기억해서 쓰는 아이도 있고, 한두 개 정도 놓친 아이도 있다. 그 아이들에게 물어본다.

"어떻게 외웠는지 말해 줄래요?"

"저는 이야기를 만들어서 외웠어요. 그러니까 왕건이 책상에 앉아서 김밥과 사과를 먹으며 에펠탑을 보았다. 앞 의자에 라면이 생각나서 경복궁의 세종대왕 돈으로 토끼처럼 빨리 뛰어가 너구리처럼 피사탑 가게에 가서…."

"앞 글자를 따서 외웠어요. 왕책김에사 의라경세토…."

"세 개씩 묶어서 외웠어요. 왕건책상김밥, 에펠탑사과의자, 라면경복궁세종대왕…."

"저는 같은 종류끼리 묶었어요. 사람은 왕건, 세종대왕, 알렉산더, 손오공이고, 교실에 있는 것은 책상, 의자, 공책, 연필, 칠판, 필통이고, 과일은 사과, 복숭아, 참외, 포도이고 음식은⋯."

"그냥 외웠는데요, 구구단 외울 때처럼 리듬을 붙여서요."

"저는 장면을 생각했어요. 왕건하고 세종대왕하고 의자에 앉아 책상 놓인 김밥과 라면, 샌드위치를 먹고 있어요. 알렉산더와 손오공을 불러서 에펠탑, 경복궁, 피사탑, 만리장성, 피라미드, 백두산에 놀러 가요. 가다가 동물을 만나요. 토끼, 너구리요. 그리고 쉬다가 앉아서 사과, 복숭아, 참외, 포도를 먹어요."

아이들이 대답할 때, 나는 칠판에 적는다.


1. 스토리텔링으로 외우기(이야기 만들기)

2. 앞글자 음으로 외우기(두음법)

3. 세 개씩 묶어서 외우기(청킹)

4. 주제별로 분류해서 외우기(유목화)

5. 리듬을 붙여 반복해서 외우기(시연)

6. 이미지화로 외우기(이미지 연상법)


"이 친구들이 여러분보다 더 머리가 좋을 수도 있지만, 그 차이는 크지 않을 수도 있어요. 어떤 방법을 알고 있고, 그것을 어떻게 활용해서 외우느냐인데, 이것을 기억술이라고 하지요. 친구들의 의견을 듣고 활용해 보면 좋을 겁니다. 이렇게 같은 결과라도 그 결과로 가는 방법은 다양해요."

## 학습 전략 검사하기

"공부하는 방법도 마찬가지예요. 누가 더 머리가 좋은가보다는 어떤 방법으로 공부하는가, 나만의 방법을 찾아 효율적으로 하는가가 중요하지요. 그리고… 공부를 잘하는 아이들은 무엇을 잘하는 것일까요?"

"기억이요."

"하고자 하는 마음이요."

"시간을 잘 쓴 것 같아요."

"맞아요. 정리해 보면, 동기와 실천력, 시간 관리, 수업 듣기 및 태도, 책 읽기, 기억하기, 집중하기, 노트 정리, 시험 기술로 여덟 가지예요. 여러분은 이 중에서 어떤 것이 강점이고 약점인지 알아보도록 간이 검사를 해 봅시다."

아이들에게 실물 화상기로 검사에 표시하는 방법을 직접 보여 준다. 1번에서 40번까지 정도를 숫자로 쓰고 그것을 세로로 더한다. 결국 A~H까지 여덟 가지 정도의 영역이 나오고 그래프로 그리면, 가장 높은 점수대로 강점이 되고 가장 낮은 점수별로 약점이 된다.

| 진로 수업 마무리 | 학습주제 | 공부도 전략이다 |
|---|---|---|
| | 학습문제 | 내 학습 방법의 강점과 약점을 알아보자. |

## 학습 방법 진단 검사

( )초등학교 ( )학년 ( )반 이름:　　　　　(남, 여)

이 검사는 성적과는 전혀 관계가 없습니다. 여러분이 공부하는 데 필요한 여러 가지 정보를 알아보기 위한 검사이므로 편안한 마음으로 솔직하게 답하면 됩니다. 이 검사지에는 정답이 있는 것이 아닙니다. 솔직하게 여러분이 공부하는 방법을 표시하면 됩니다.
아래의 예를 보세요.

---

**1. 공부할 때는 열심히 하려고 노력한다.**

---

위의 문장을 읽고 아래의 보기 중에서 자신과 가장 비슷한 경우의 번호를 답안지에 숫자로 써 넣으면 됩니다.

| 전혀 그렇지 않다 | 그렇지 않다 | 반반쯤 이다 | 보통 그렇다 | 항상 그렇다 | | 문제 번호 | 점수 |
|---|---|---|---|---|---|---|---|
| 1 | 2 | 3 | 4 | 5 | | 1 | |

그럼 지금부터 아래의 문제를 잘 읽고 해당되는 점수를 답안지에 표시하세요.

1. 공부할 때는 열심히 하려고 노력한다.
2. 공부를 시작하기 전에 공부할 양을 생각하고 끝낼 시간을 미리 정한다.
3. 수업이 시작되기 전에 자리에 앉고 수업을 준비한다.
4. 책을 읽다가 중요하다고 생각하는 부분은 밑줄을 긋거나 표시해 둔다.
5. 나는 공책을 잊지 않고 준비한다.
6. 공부한 것을 이해하는 것으로 그치지 않고 중요한 것은 외운다.
7. 공부할 때 공부에 방해되는 TV나 라디오 등은 꺼 놓고 공부한다.
8. 공부할 때 어떤 문제가 시험에 나올지 예상할 수 있다.
9. 숙제가 재미없더라도 시작하면 끝을 맺는다.
10. 놀고 싶어도 우선 할 일을 끝내 놓고 하는 편이다.
11. 수업을 들으면서 선생님께서 무엇을 강조하시는지 생각하며 듣는다.
12. 책을 다 읽고 난 뒤에 읽은 내용이 무엇이었는지 정리해 본다.
13. 나는 공책 정리를 깔끔하게 한다.
14. 암기할 부분을 읽은 후에 자기말로 외워 본다.
15. 공부를 시작하기 전에 공부할 분위기와 마음가짐을 갖춘다.
16. 시험문제를 다 풀고 난 후에 시간이 남으면 엎드리지 않고 다시 풀어 본다.
17. 좋은 성적을 받는 것은 나에게 중요하다.
18. 여러 가지 일을 할 때는 중요한 것부터 시작한다.
19. 선생님 말씀 중에 모르는 내용은 질문하거나 다른 방법으로 알고 넘어간다.
20. 중요한 정도와 어려운 정도에 따라 읽는 속도를 달리한다.

21. 공책은 나중에 보아도 이해하기 쉽게 되어 있다.

22. 무조건 외우지 않고 나에게 좀 더 편한 방법을 찾아 외운다.

23. 주로 같은 시간에 같은 장소에서 공부하는 편이다.

24. 너무 어려운 시험문제가 나오면 쉬운 문제부터 풀고 나중에 어려운 것을 푼다.

25. 목표를 세워 그 목표를 달성하기 위해 노력한다.

26. 매일 규칙적으로 공부한다.

27. 수업 시간에 발표하기를 좋아한다.

28. 책을 읽을 때 그림이나 그래프 도표 같은 것을 자세히 본다.

29. 선생님이 수업 시간에 정리해 주신 내용은 꼼꼼하게 기록한다.

30. 내 나름대로 쉽게 암기하는 방법이 있다.

31. 집중이 잘 안 될 때, 공부에 집중하는 방법을 알고 있다.

32. 시험 보기 전에 공부할 내용을 모두 공부하여 정리하고 시험을 치른다.

33. 공부를 하는 것은 나에게 도움을 준다.

34. 공부하기 전에 먼저 공부 계획을 세워 보고 공부를 시작한다.

35. 선생님이 설명을 하면서 나의 눈을 마주치신다.

36. 글쓴이가 무슨 내용을 전달하려고 하는지 궁금증을 가지고 책을 읽는다.

37. 선생님이 중요하다고 말씀하신 것은 따로 메모해 둔다.

38. 암기하기 전에 먼저 무슨 뜻인지 충분하게 이해하려고 한다.

39. 공부하기 시작하면 오래 앉아서 꾸준히 하는 편이다.

40. 시험이 끝난 후에 틀린 문제를 다시 풀어 보고 틀린 이유를 확인한다.

## 학습 방법 진단 검사 답안지

20__ 년 __월 __일 이름 _____

| A | | B | | C | | D | | E | | F | | G | | H | |
|---|---|---|---|---|---|---|---|---|---|---|---|---|---|---|---|
| 1 | 4 | 2 | 1 | 3 | 3 | 4 | 2 | 5 | 3 | 6 | 2 | 7 | 3 | 8 | 1 |
| 9 | 3 | 10 | 2 | 11 | 2 | 12 | 3 | 13 | 3 | 14 | 3 | 15 | 1 | 16 | 2 |
| 17 | 2 | 18 | 3 | 19 | 3 | 20 | 2 | 21 | 2 | 22 | 5 | 23 | 3 | 24 | 3 |
| 25 | 3 | 26 | 5 | 27 | 4 | 28 | 4 | 29 | 4 | 30 | 5 | 31 | 4 | 32 | 3 |
| 33 | 3 | 34 | 2 | 35 | 2 | 36 | 1 | 37 | 2 | 38 | 3 | 39 | 3 | 40 | 3 |
| 계 | 15 | | 13 | | 14 | | 12 | | 14 | | 18 | | 14 | | 12 |

*칸에 정도를 나타내는 숫자를 씁니다.

진로 수업 후에 | 모든 아이에게는 저마다 맞는 공부법이 따로 있다 189

## 검사 결과표

6학년 7반 이름 ○○○

| 항목 | 내용 | 점수 |
|---|---|---|
| A | 동기 및 실천력 | 15 |
| B | 시간 관리 | 13 |
| C | 수업 듣기 및 태도 | 14 |
| D | 책 읽기 | 12 |

| 항목 | 내용 | 점수 |
|---|---|---|
| E | 노트하기 | 14 |
| F | 기억하기 | 18 |
| G | 집중하기 | 14 |
| H | 시험 기술 | 12 |

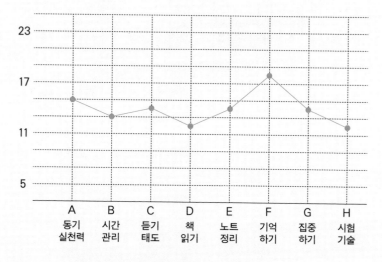

### 나의 강점과 약점 기록 표

| 강점 | 약점 |
|---|---|
| 기억하기 | 책 읽기 |
| 동기 실천력 | 시험 기술 |
| 노트 정리/집중하기/듣기·태도 | 시간 관리 |

## 학습 전략 성찰하기

중요한 것은 분석한 학습 전략을 보고, 약점을 어떻게 극복할지 생각하는 것이다. 약점 극복 방법은 설문지에 이미 나와 있다. 예를 들어 시간 관리가 약점으로 나왔다면, 시간 관리에 해당하는 문항은 B밑에 2, 10, 18, 26, 34번이다. 이 문항을 읽으며 내가 받아들일 방법을 다짐으로 쓰면 된다.

예시한 검사 결과표의 주인인 학생은 아래와 같이 자신을 성찰했다.

나의 학습전략의
강점은 기억하기, 동기 실천력, 노트정리 이고
약점은 시간관리, 시험기술, 집중하기 이다.

약점중 시험기술을 키우기 위해
• 문제집을 풀어나가면서 시험에 나올법한 문제를 예상하고 비슷한 유형을 풀어 보겠다. (8)
• 시험을 치르기전 그 과목에 맞는 교과서나 정리된 공책을 보고 시험을 준비하겠다 (32)
• 시험이 끝난후 친구들과 함께 서로서로 틀린것을 알고 다시 같이풀어 보겠다 (40)
• 시험문제를 다 풀고 다시한번 검토해보기 (16)
• 너무 어려운 문제가 나오면 쉬운것들을 먼저풀어 유형을 익힌후 풀어보겠다 (24)

자신의 성찰을 더욱 확고하게 하기 위해 짝과 질문놀이 형식으로 이야기를 나누게 한다. 여기서 짝은 내 학습 전략 성찰을 그냥 듣기만 하는 것이 아니다. 듣고 나서 느낀 바를 말하거나 의심 되는 내용, 또는 "그밖에 또 다른 전략이 없을까?" 하고 꼬리잡기 질문으로 생각을 더 깊이 하도록 한다. 서로 돌아가면서 질문하고 답하는 방식으로 자신의 학습 전략을 깊이 인식하고 공고하게 한다.

동기화 프로그램에는 3단계가 있다. 우선 일정기간 '노력하기'를 실천해 보도록 한다. 한 달간 꾸준히 노력해서 실천한 결과가 좋다면 '노력'이 부족했던 것을 인식하고 노력을 막는 장애요인을 찾아 극복하면 될 것이다.

그러나 노력했는데도 학업성취가 좋지 않다면, '전략 점검 및 수정'을 한다. 앞에 소개한 방법처럼 학습 전략 검사를 통해 무엇이 부족한지 점검하고 성찰하며 실천해 보는 것이다.

그런데도 학업성취가 지지부진하면, '포기 귀인'으로 학습의 목표, 수준을 낮추는 것이다.

5학년 문제를 자꾸 틀리는 학생이 있다고 하자. 이 학생이 분명 노력하고 학습 전략대로 움직여 보기도 했는데 안 된다면, 분명 그 전단계로 목적을 수정해야 할 것이다. 두 자릿수 곱셈을 못 하는 학생이 세 자릿수 곱셈을 할 수 없기 때문이다. 내가 모르는 것이 무엇인지 알고, 그것을 부끄러워하지 말고 거기서부터 시작하여 하나하나 성취해 가는 과정에서, 아이들은 오히려 자신감을 찾을 수 있다.

　이런 학습 전략 검사를 통한 '학습 스타일 점검'은 아이들에게 필요한 과정이다. 전문 검사로 전문가와 학습 상담을 진행할 수도 있을 것이다. 그러나 교실에서 하는 이러한 활동은 친구의 방법이 나에게 배움의 교본이 되고, 나의 방법이 친구에게 도움이 될 수도 있으며 결국, 서로가 서로의 교사요 자료가 되기에 더욱 효과가 크다.

　사토 마나부 교수는《배움으로부터 도주하는 아이들》손우정 옮김, 북코리아, 2003에서 내가 누구인지 몰라서, 또는 학습 좌절을 극복할 방법을 몰라 방황하다가 아이들이 학습을 포기한 것일 수도 있음을 어른이 알아야 한다고 지적한다.

## 6학년 인성 수업 소감문

이번 인성 수업으로 인해 내 진로를 조금이라도 깨달을 수 있게 되는 계기가 되었다. 꿈이 없어서 꿈이 있는 아이들이 부러울 때도 있었는데, 이번 인성 수업으로 인해 확실한 꿈이 생겼다. 바로 범죄를 판결하는 판사다! 꼭 되도록 노력하겠다. _방○○

이번 인성 수업을 통해 나의 꿈에 대해 계속 생각하게 되었고, 내가 이 꿈을 이루기 위해 어떻게 노력해야 하는지, 나에게 알맞은 직업을 깊게 생각하였다. 앞으로 나의 미래를 잘 꾸며 나가고 나의 꿈을 위해 계속 노력할 것이다. 선생님, 잘 가르쳐 주셔서 너무 감사합니다. _변○○

인성 수업을 하며, 재미있기도 했고 작년과는 또 바뀐 내 자신, 자랐다는 것을 새삼 느끼게 된다. 열심히 가르쳐 주신 선생님께 감사합니다. 많은 것을 알게 되었어요. _정○○

인성 수업을 할 땐 항상 나의 마음이 청결해지고 선생님을 본받고 싶은 마음이 생긴다. 인성 수업이 아쉽고 조금 더 배우고 싶은 것이 많지만 그런 것은 나 스스로 배울 수도 있을 것 같다. 선생님, 존경하고 사랑해요. _김○○

진로의 명확성, 매 시간이 재미있고, 나의 인성에 대한 성장을 느꼈다. _장○○

많은 활동 중에 우리나라의 문제점을 찾는 것이 재미있었다. 사회적인 문제와 이를 해결하기 위한 나의 꿈을 연관 지어 우리나라를 잘 살게 만드는 것을 생각하는 것이 필요한 활동이기 때문이다. _안○○

우리나라의 문제가 꽤 많다는 것을 깨달았다. 이번에 다짐한 대로 빈부격차를 생각하면서 의사가 되어 돈을 벌면 반드시 기부할 것이다. 아울러 내 직업 속에서 우리나라의 문제를 해결하는 방법을 생각하고 그러면서 좀 더 나은 사회를 만들고 싶다. _성○○

나의 직업에 대해서 잘 알았고 토론도 재미있었다. 나의 원래 꿈을 가볍게 여겼지만, 이 수업을 듣고 직업을 신중하게 한번 생각해 봐야겠다. 또한 우리나라를 비판적으로 바라보는 기회를 통해 내가 할 일을 생각하게 되었다. _민○○

이번 인성 수업을 마치며 나의 꿈에 대해 확실하게 알게 되었다. MBTI를 통하여 내가 좋아하는 것과 싫어하는 것을 명확하게 알게 되었다. 동화작가가 되고 싶은 나의 꿈이 좀 더 확실해졌다. _진○○

나의 성격과 재능에 맞는 직업을 찾은 것 같아 기쁘다. 내가 나라를 위해 할 수 있는 것을 찾아 좋다. 나의 직업을 위해 노력할 것이다. 사회적인 종교 갈등, 여자와 남자의 차별이 우리나라의 심각한 문제점임을 알았다. 다른 종교를 이해할 수 있는 책을 쓸 것이며, 여자로서 자신의 재능을 발견하고 맞는 일을 찾는 것을 알려 주는 책을 쓰며 작가로 성공하겠다. _고○○

수업을 받으니 더욱 나에 대해서 잘 알게 되었다. 내가 'ENTP'인지 새로이 알게 되어서 신기하고, 검사라는 직업을 이루려면 어떻게 할지도 더 확실하게 알게 되었다. _권○○

6학년 동안 인성수업을 하면서 MTBI와 나에게
맞는 학습방법을 찾는 수업이 제일 도움이 됐다.
왜냐하면 내가 나에대하여 탐구하는 것으로
인하여 내가 나 자신을 알아가는데
도움이 많이 되었기 때문이다.
또한 MTBI로 인하여 내 성격, 내가 관심
있어하는 분야등을 더 정확히 알게되었다.
그 동안 인성수업을 하면서 여러···
재미 있는 활동을해서 좋았다.

---

사람마다 기억하는 방법이 다르다. 따라서 각자의
학습방법이 있는 것이 흥미로웠다. 사람마다
외우는 방법이 다른 것은 알고 있었지만 다르게
외워도 잘 외우는 친구가 있다는 게 정말
신기했다. 앞으로는 나도 나만의 방법으로
나의 실력을 향상 시켜야겠다. 나도 나만의
방법이 있는지 몰랐는데 무의식적으로 외워
잘 외워진 것을 보아하니 나만의 학습방법을
찾게 된 계기가 되어 나에게 미래에도
도움이 될 수 있는 길이 되지
않을까 싶다.

---

나는 인성수업을 하면서 나의 진로유형을 찾았을 때
생각보다 진로의 유형이 많았고 나의 맞는 진로를
알게되어서 가장 도움이 되었던 것 같았다.
그리고 마지막에 하였던 나의 학습 방법을 알고 나니
이제는 나에게 맞는 학습방법으로 열심히 공부하게
좀 어려운 부분도 열심히 향상되도록 노력해야
겠다고 생각이 들었다. 지금까지 인성교육을
하면서 여러가지 내용에 대해 도움도 되고 뿌듯하
였다.

인성 수업을 마치며 아이들이 쓴 소감문

6학년을 위한 인성 수업

# 진로 인식 활동지

| 1~2차시 | 학습주제 | 뛰어라 메뚜기 |
|---|---|---|
| | 학습문제 | 진정한 용기란 무엇인가? |

## 활동1. 우리 서로 소개해요

( )초등학교 ( )학년 ( )반 이름:

**난, 이런 사람입니다~!**

나의 흥미, 특기

나의 이름은

내게 필요한 미덕은

내가 만난 친구들 사인(이름) 받기

내가 고치고 싶은 점

새 학년이 되어 나의 목표는

## 활동2. 독서토론으로 마음의 힘 기르기

| | | |
|---|---|---|
| 1차시 | 핵심 단어 | |
| | 내가 만든 질문 | |
| | 우리 모둠이 선정한 질문 | |
| 2차시 | 전체 논제 | |
| | 논제에 대한 나의 생각 | |
| 마음 담기 | 말하는 방법 | 친구들에게 말할 때는 이렇게 말합니다…. <br> 1. P 핵심 말하기: 내가 주장하는 말 <br> 2. R 이유 말하기: 이런 주장을 하는 이유 <br> 3. E 사례 들어 말하기: 다양한 사례 제시하기 <br> 4. P 핵심 말하기: 다시 한번 강조하기 |

| 용기 사명서 | 스스로 평가해 봐요 |
|---|---|
| 제목: (          ) 날개짓 <br><br> 나에게는 숨겨진 <br> (          )의 날개가 있지. <br> 그동안 나는 (          ) <br> 때문에 못 펼쳤지만, <br> 이제는 활짝 펼치리라. <br> 이제부터 나는 (          )을 <br> 적극적으로 실천하리라! | 질문: 열심히 생각하며 토론에 적극적으로 참여했나요? <br> (스스로 평가하여 ○표 하세요) <br><br> 매우 그렇다(     ) <br> 그렇다(     ) <br> 보통이다(     ) <br> 아니다(     ) <br> 모르겠다(     ) |

| 3~4차시 | 학습주제 | 스갱 아저씨의 염소 |
|---|---|---|
| | 학습문제 | 진정한 자유란 존재하는가? |

## 활동1. 질문 만들기

'스갱 아저씨의 염소'를 듣고, 들으면서 질문을 만듭니다.
수준 하 질문1, 중 질문1, 상 질문1개입니다.

| 질문 수준 | 질문 | 답 | 순서 |
|---|---|---|---|
| 예) 하 | 예) 블랑께뜨는 무슨 색의 염소인가? | 예) 흰색 | 3 |
| 하 | | | |
| 중 | | | |
| 상 | | | |

## 활동2. 질문 배틀

1. 질문 선정하기 (질문 순서를 정합니다)
– 모둠 친구들의 질문을 보고 우리 모둠이 낼 질문의 순서를 정합니다.
– 각자 공책에 내가 낸 질문의 정해진 발표 순서를 씁니다.

2. 질문 하기 (모둠별로 한명씩 돌아가면서 발표를 합니다)

　　1) ○○ 모둠에게 질문하겠습니다.
　　2) 수준은 (상, 중, 하)입니다.
　　3) 질문하기

☞ 지목한 모둠에서 문제를 맞히면 점수를 얻는다. (하1, 중2, 상3)
☞ 지목한 모둠이 맞히지 못하면 다른 모둠에 기회가 간다.
☞ 멋진 질문의 경우 교사가 임의 판단을 하여 1점씩 점수를 부여할 수 있다.

## 활동3. 논제 정하여 토론하기

| 용기 사명서 쓰기 |
| --- |
| 우리반이 뽑은 논제:<br><br><br>나의 생각: |

| 활동 후 소감 | 스스로 평가해 봐요 |
| --- | --- |
| | 질문: 질문 만들기 활동, 토론 활동에 적극적으로 참여하였나요?<br>(스스로 평가하여 ○표 하세요)<br><br>매우 그렇다( )<br>그렇다( )<br>보통이다( )<br>아니다( )<br>모르겠다( ) |

| 5차시 | 학습주제 | MBTI를 통한 나의 이해 |
|---|---|---|
| | 학습문제 | 나의 성격 및 학습유형 |

## 활동1. 검사하기

다음의 질문에는 정답이 없습니다.
내가 생각하기에 자연스럽고 편한 것을
솔직하고 진지하게 표시하시면 됩니다.
둘 중 하나에 ○ 표시를 해 주세요.
번호 순서대로 풀어주세요.

(          )초등학교 (          )학년 (          )반  이름:

| 번호 | 질문 | 선택 | 번호 | 질문 | 선택 |
|---|---|---|---|---|---|
| 1 | 새로운 곳에서 친구를 사귀는 일이?<br>E. 재미있다.<br>I. 어렵다. | E I | 2 | 나는 친구들에게?<br>S. 내가 직접 만지고 들은 것을 얘기한다.<br>N. 상상으로 생각한 것을 얘기한다. | S N |
| 6 | 새학년이 되어서 반이 바뀌었을 때?<br>E. 내가 먼저 말을 건다.<br>I. 누가 말을 걸 때까지 기다린다. | E I | 8 | 어떤 이야기를 더 좋아하나요?<br>S. 위인전이나 역사 이야기<br>N. 공상과학 이야기 | S N |
| 3 | 나는?<br>E. 많은 친구들을 원한다.<br>I. 가까운 친구 몇 명만 원한다. | E I | 4 | 내가 좋아하는 놀이는?<br>S. 내가 평상시 줄 아는 것<br>N. 새로운 놀이를 만들어서 노는 것 | S N |
| 10 | 나에게 더 재미있는 일은?<br>E. 여럿이 함께 무엇인가 하는 것이다.<br>I. 나 혼자 좋아하는 것을 하는 것이다. | E I | 5 | 나는 게임이나 만들기를 할 때?<br>S. 전에 배웠던대로 하는 것이 편하다.<br>N. 새로운 방법을 생각해서 할 때가 재미있다. | S N |
| 7 | 새로 오신 선생님이 시간표를 물으실 때?<br>E. 내가 알려 드릴 수 있으면 좋겠다.<br>I. 다른 친구가 말씀 드리면 좋겠다. | E I | 14 | 어느 쪽을 더 좋아하나?<br>S. 맡겨진 일을 잘 하는 것<br>N. 좋은 아이디어를 생각해 내는 것 | S N |
| 13 | 나는 대화할 때?<br>E. 많은 친구에게 얘기하길 좋아한다.<br>I. 친한 친구들에게만 얘기하길 좋아한다. | E I | 9 | 친구들과 놀 때, 공이 필요하다면?<br>S. 하나 구하도록 노력한다.<br>N. 신문지 같은 것으로 비슷하게 만들어서 일단 논다. | S N |
| 17 | 좋은 일이나 화나는 일이 생겼을 때?<br>E. 다른 사람들에게 얘기한다.<br>I. 내 기분을 마음속에 간직한다. | E I | 11 | 그림 조각(퍼즐) 맞추기를 할 때?<br>S. 한쪽 부분부터 차근차근 맞추어간다.<br>N. 여기저기를 맞추다 보면 완성된다. | S N |
| 18 | 새로운 친구를 사귀는 일은?<br>E. 신난다.<br>I. 처음에 어색하다. | E I | 12 | 좋은 생각을 할 때 도움이 되는 것은?<br>S. 무엇을 보면서 생각할 때<br>N. 무엇을 보지 않고 눈감고 생각할 때 | S N |
| 15 | 학교과제를 할 때 어느 쪽을 더 좋아하나?<br>E. 친구들과 같이 하는 것<br>I. 혼자 하는 것 | E I | 16 | 독서할 때 나는?<br>S. 내가 좋아하는 책을 또 읽는다.<br>N. 새로운 다른 책을 읽는다. | S N |
| 21 | 어른에게 내 이름을 말씀드리는 일은?<br>E. 쉬운 편이다.<br>I. 어렵고 쑥스러운 편이다. | E I | 20 | 이야기를 만들어 낼 때 좋은 아이디어는?<br>S. 이미 알고 있는 이야기 속에서 얻는다.<br>N. 상상을 해 보면 얻어진다. | S N |
| 22 | 주위에 친구가 많으면?<br>E. 얘기할 사람이 많아서 좋다.<br>I. 처음엔 좋으나 좀 있으면 피곤해진다. | E I | 19 | 어느 쪽을 더 좋아 하나?<br>S. 그려진 그림에 색칠하기<br>N. 이야기 지어내기 | S N |

| 알파벳 | E | I |
|---|---|---|
| 개수 | | |

| 알파벳 | S | N |
|---|---|---|
| 개수 | | |

| 번호 | 질문 | 선택 | 번호 | 질문 | 선택 |
|---|---|---|---|---|---|
| 27 | 어느 쪽을 더 좋아하나?<br>T. 우리 편이 게임에서 반드시 이겨야 한다.<br>F. 우리 편이 사이좋게 지내면서 이겨야 한다. | T F | 23 | 선생님은 학생들에게 어떻게 해야 하나?<br>J. 무엇을 공부해야 하는지 말해 주어야 한다.<br>P. 스스로 선택할 수 있도록 해 주어야 한다. | J P |
| 24 | 어느 것을 더 좋아하나?<br>T. 기계가 어떻게 만들어졌는지 뜯어 보는 일<br>F. 금붕어나 강아지를 돌보는 일 | T F | 25 | 나는?<br>J. 나를 위해서 이미 결정된 일을 좋아한다.<br>P. 내가 선택할 수 있는 것을 좋아한다. | J P |
| 31 | 둘 중 어느 것이 더 재미있나?<br>T. 수학 문제를 푸는 일<br>F. 친구에게 책 읽기를 도와주는 일 | T F | 26 | 나는?<br>J. 내가 해야 할 일을 먼저 하고 논다.<br>P. 먼저 재미있게 놀고 난 후에 해도 괜찮다. | J P |
| 28 | 더 중요하다고 생각하는 것은?<br>T. 내가 틀리지 않고 맞힐 때<br>F. 내가 친구를 기쁘게 해 줄 때 | T F | 34 | 선생님이 수업을 할 때?<br>J. 수업 계획에 따라 수업해야 한다.<br>P. 학생들이 좋아하는 것에 맞추어 바꾸어도 된다. | J P |
| 30 | 나는 앞으로?<br>T. 공평한 사람이 되고 싶다.<br>F. 친절한 사람이 되고 싶다. | T F | 29 | 학교에서의 숙제는?<br>J. 하기 쉽게 잘 짜여진 숙제를 좋아한다.<br>P. 새로 재미있게 할 수 있는 숙제를 좋아한다. | J P |
| 32 | 어느 것을 더 싫어하나?<br>T. 무슨 일이 일어났으나 이유를 모를 때<br>F. 친구가 화난 말투로 나를 대할 때 | T F | 37 | 어느 쪽을 더 원하나?<br>J. 누구나 다 옳다고 생각하는 일을 하는 것<br>P. 해 보지 않은 새로운 일을 해 보는 것 | J P |
| 33 | 도둑질하는 학생에 대해서?<br>T. 벌을 받아야 한다고 생각한다.<br>F. 도둑질하지 않도록 도움을 받아야 한다. | T F | 35 | 선생님이 어떤 결정을 내릴 때?<br>J. 혼자 결정을 내려야 한다.<br>P. 학생들과 이야기를 나누어야 한다. | J P |
| 36 | 어느 것을 더 좋아하나?<br>T. 똑바로 곧은 선<br>F. 둥글둥글한 원 | T F | 38 | 어느 쪽을 더 좋아하나?<br>J. 내가 정리정돈 하는 깨끗한 방<br>P. 내가 마음대로 어질러도 되는 방 | J P |
| 41 | 사람들이 일을 더 잘하려면?<br>T. 규칙을 잘 알고 있어야 한다.<br>F. 그들에게 관심을 가져 주어야 한다. | T F | 39 | 갑자기 어려운 일이 생기면?<br>J. 하던 일을 잘 못한다.<br>P. 어려워도 더 재미있게 일한다. | J P |
| 40 | 달리기에서 이겼을 때, 나는?<br>T. 기분이 아주 좋다.<br>F. 진 사람은 기분이 어떨까 생각한다. | T F | 42 | 게임을 할 때 규칙은?<br>J. 절대 바뀌어서는 안 된다.<br>P. 필요할 때 바꾸어야 한다. | J P |
| 43 | 친구가 너무 느려서 팀에 낄 수 없을 때?<br>T. 너무 느려서 끼워 줄 수 없다고 한다.<br>F. 다른 이유를 말하면서 끼워 줄 수 없다고 한다. | T F | 44 | 나는?<br>J. 특별한 일은 미리 계획을 짜두는 것이 좋다.<br>P. 하루하루를 즐겁게 보내는 것이 좋다. | J P |

| 알파벳 | T | F |
|---|---|---|
| 개수 | | |

| 알파벳 | J | P |
|---|---|---|
| 개수 | | |

아하! 나의 유형은 (          )

## 활동2. 나는 어떤 유형인가?

| ISTJ | ISFJ | INFJ | INTJ |
|---|---|---|---|
| 세상의 소금형, 검사 | 임금 뒤 참모형, 보호자 | 예언자형, 상담자 | 과학자형, 기획자 |
| 한번 시작한 일은<br>끝까지 해내는<br>사람들 | 성실, 온화하며<br>협조를 잘하는<br>사람들 | 사람과 관련된<br>뛰어난 통찰력의<br>소유자 | 전체적인 부분을<br>조합하여 비전을<br>제시하는 사람들 |

| ISTP | ISFP | INFP | INTP |
|---|---|---|---|
| 백과사전형, 장인 | 성인군자형, 작곡가 | 잔 다르크형, 치유자 | 아이디어 뱅크, 설계자 |
| 논리적, 뛰어난<br>상황 적응력의<br>소유자 | 따뜻한 감성을<br>가지고 있는<br>겸손한 사람들 | 이상적인<br>세상을<br>만들어 가는 사람 | 비평적인 관점을<br>가지고 있는<br>뛰어난 전략가들 |

| ESTP | ESFP | ENFP | ENTP |
|---|---|---|---|
| 수완 좋은 활동가, 프로모터 | 사교적 유형, 연기자 | 스파크형, 챔피언 | 발명가형, 발명가 |
| 친구, 운동, 음식 등<br>다양한 활동을<br>선호하는 사람들 | 분위기를<br>고조시키는<br>우호적인 사람들 | 열정적으로<br>새로운 관계를<br>만드는 사람들 | 풍부한 상상력으로<br>새로운 것에<br>도전하는 사람들 |

| ESTJ | ESFJ | ENFJ | ENTJ |
|---|---|---|---|
| 사업가형, 감독관 | 친선 도모형, 부양자 | 언변 능숙형, 교사 | 지도자형, 사령관 |
| 사무적, 실용적,<br>현실적으로 일을<br>많이하는 사람들 | 친절과 현실감을<br>바탕으로 봉사하는<br>사람들 | 타인의 성장을<br>도모하고 협동하는<br>사람들 | 비전을 갖고<br>사람들을 활력적으로<br>이끄는 사람들 |

| 질문 | 나의 유형 | 특징 |
|---|---|---|
| 에너지 방향은? | E?(외향)<br>I?(내향) | |
| 세상을 인식하고 정보를 수집할 때? | N?(직관)<br>S?(감각) | |
| 판단을 할 때? | T?(사고)<br>F?(감정) | |
| 생활 양식은? | J?(판단)<br>P?(인식) | |

# 활동3. 나를 좀 더 알아봐요

| 나에게 해당되는 특징에 ○표 하시오. |
|---|

특징1) 에너지 흐름은?
  IS(보수적), IN(이론적), ES(현실적), EN(개혁가)

특징2) 기질별 유형은?
  SJ(보호자), SP(예술가), NF(이상가), NT(논리가)

특징3) 기능적 분류를 하자면?
  ST(실질적 관료형, 보수적/현실), SF(온정적 가족형, 보수적/현재),
  NF(유기적 적응형, 활성형/가능), NT(논리적 추진형/왜?)

특징4) 태도적 조화 유형은?
  IJ(진지, 마피아지도자), IP(관조, 내적 열정)
  EP(탐험가, 분위기),    EJ(추진가)

특징5) 기타 특징은?
  TJ(논리적, 분석적, 과제지향적),    FP(수용적, 온유, 순응적, 인간적)
  TP(적응력 있는 사고자, 객관적 관찰), FJ(인간중심형, 정 많은 지도자)

| 나의 성격 특징을 정리하자면? | |
|---|---|
| 선생님이 주신 표를 붙이세요. | 나에 대해 정리해 보세요. |
| | |

| 6차시 | 학습주제 | MBTI를 통한 우리의 이해 |
|--------|----------|-------------------------|
|        | 학습문제 | 서로 다른 우리 |

## 활동1. 나에 대한 짧은 인터뷰

◆ 나는, SJ(보호자), SP(예술가), NF(이상가), NT(논리가)입니다.(○표하기)
  (답은 핵심 낱말만 쓰시오)


1. 내가 잘하는 것, 좋아하는 것은?


2. 내가 서툰 것, 또는 나의 스트레스?


3. 내가 좋아하는 유형의 사람은?


4. 내가 싫어하는 유형의 사람은?


5. 내가 좋아하는 유형의 선생님은?


6. 나의 학습하는 방법은?


▶ 같은 유형(SJ, SP, NF, NT)끼리 만납니다.

▶ 1~6번에 대해서 서로 이야기를 나누며, 보드판에 기록합니다. (쓸 때는 뒤에서 볼 수 있는 글씨 크기로, 핵심 낱말만 씁니다)

▶ 기록한 것을 두 명 정도 나와서 나누어 발표를 합니다. (듣는 사람들은 다른 유형에 대해서 오른쪽 특징 칸에 간단히 정리합니다)

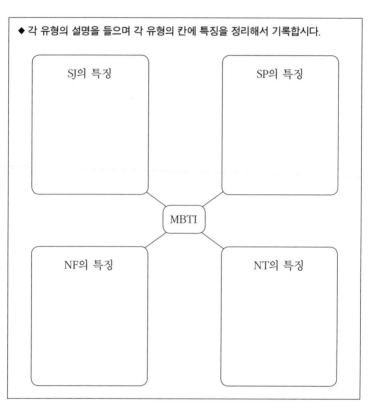

◆ 각 유형의 설명을 들으며 각 유형의 칸에 특징을 정리해서 기록합시다.

SJ의 특징

SP의 특징

MBTI

NF의 특징

NT의 특징

| 활동 후 소감 | 스스로 평가해 봐요 |
|---|---|
| | 활동에 적극적으로 참여하였나요?<br>(스스로 평가하여 ○표 하세요)<br><br>매우 그렇다( )<br>그렇다( )<br>보통이다( )<br>아니다( )<br>모르겠다( ) |

| 7차시 | 학습주제 | 나에게 맞는 진로 설계① |
|---|---|---|
| | 학습문제 | 진로카드를 통한 직업 유형 찾기 |

현실형(뚝딱이) R
신체 활동, 기계 적성

I 탐구형(탐험이)
사교력, 학업 성적

관습형(성실이) C
성실성, 구체성

A 예술형(멋쟁이)
독창성, 심미성

진취형(씩씩이) E
외향성, 설득력

S 사회형(친절이)
사회성, 친화성

1. 진로가 무엇인가요?

2. 직업을 갖는 이유는 무엇이지요?

3. 직업을 결정하기 위해 알아야 할 것에는 나의 흥미, 적성, 능력, 미래의 방향이라고 합니다. 이 중에서 가장 중요한 것이 무엇이라고 생각하나요?

▶ 참고 하세요.

| 사라진 직업 | 식자원, 타자기 조립원, 볼링점수 기록원, 접골사, 전화 교환원 |
|---|---|
| 등장한 직업 | 인사 컨설턴트, 국제협상 전문가, 사이버 경찰, 생명공학 전문가 자산관리사, 노인전문 간호사, 커리어 코치, 반도체 엔지니어 운동치료사, 정보보안 전문가, 한의사, 인공지능 프로그래머 놀이치료사, 헤드헌터, 사이처(Cycher), 도청방지 전문가 장기이식 코디네이터, 다이어트 프로그래머, 폐업 컨설턴트 |
| 등장 중인 직업 | 문화여가사, 식품융합 엔지니어 무인 항공기 시스템 개발자, 평등관리 사무원 |

# 나의 진로 유형 알아보기

| 1단계. 끼리끼리 묶기 |
|---|

| 싫어하는<br>직업 | 결정할 수 없는<br>직업 | 좋아하는<br>직업 |
|---|---|---|

**2단계. 내가 싫어하는 직업 베스트 5, 좋아하는 직업 베스트 5**

| 싫어하는 직업 | 싫어하는 진로 유형<br>(해당유형에 ○) | 좋아하는 직업 | 싫어하는 진로 유형<br>(해당유형에 ○) |
|---|---|---|---|
| 1. 직업: | 현 탐 예 사 진 관 | 1. 직업: | 현 탐 예 사 진 관 |
| 2. 직업: | 현 탐 예 사 진 관 | 2. 직업: | 현 탐 예 사 진 관 |
| 3. 직업: | 현 탐 예 사 진 관 | 3. 직업: | 현 탐 예 사 진 관 |
| 4. 직업: | 현 탐 예 사 진 관 | 4. 직업: | 현 탐 예 사 진 관 |
| 5. 직업: | 현 탐 예 사 진 관 | 5. 직업: | 현 탐 예 사 진 관 |

**3단계. 아하! 나의 진로 유형은 (          )이구나.** 현실, 탐구, 예술, 사회, 진취, 관습

내가 싫어하는 직업의 공통점:


내가 좋아하는 직업의 공통점:

| 8차시 | 학습주제 | 나에게 맞는 진로설계② |
|---|---|---|
| | 학습문제 | 직업 유형에 따른 강점 찾기 |

**4단계. 오호! 나의 유형과 만나 보니~**
(1~4번까지 서로 이야기를 나누어 공통점을 찾은 후, 보드판에 정리해서 발표 준비하기)

1. 내가 좋아하는 직업:



2. 나의 강점(강점, 잘하는 점):




3. 나의 약점(스트레스 받는 점):




4. 나를 한마디로 표현한다면?



☞ 같은 유형끼리 만나요.
☞ 1~4에 대해서 서로 이야기를 나누며, 보드판에 기록합니다. (보드판에 쓸 때는 뒤에서 볼 수 있는 글씨 크기로, 핵심 단어로만 씁니다)
☞ 기록한 것을 나와서 발표를 합니다. (들으면서 발견한 특징을 바로 아래 특징 칸에 간단히 정리합니다)

## 홀랜드의 6가지 직업 성격 유형

| 현실형, 실재형 RI(뚝딱이)<br>성실하고 활동적이며 기계에 흥미가 많은 유형 | 탐구형 IR(탐험이)<br>분석적이고 호기심이 많으며 수학, 과학에 흥미가 있는 유형 |
|---|---|
| 현실형은 현장에서 몸으로 부대끼는 활동을 좋아하며, 동물이나 도구 혹은 기계를 가지고 일하는 것을 좋아합니다. 신체적 기능을 필요로 하고 직접 물건을 취급하거나 만드는 것을 좋아합니다. 흔히 연장, 기계, 측정 기구 등을 사용해서 물건을 만들거나 변경하고, 또는 무엇을 수리하거나 원상 복구시키기는 일을 좋아하는 사람들이죠.<br><br>성격 **신체 활동적, 솔직함, 검소함, 말이 적음**<br>전공 **공과대, 농업축산대, 체육대, 기술대**<br>직업 **기술자, 기계기사, 항해사, 환경기사** | 자연세계를 연구하고 자료를 수집하여 의학, 생명과학, 물리학 등의 문제에 적용하는데 흥미를 가집니다. 과학과 관련된 지식과 과정을 다루는 일에 만족감을 갖고, 정보 분석, 평가, 설명, 기록하는 것은 물론, 일하는 데 필요한 과학적 혹은 기술적 방법, 연장, 실험기구 등을 사용하는 것을 잘합니다. 또 자료나 사물을 계획, 처리, 통제, 지시, 평가하기도 합니다.<br><br>성격 **탐구심, 논리적, 분석적, 학문적**<br>전공 **자연대, 의과대, 공과대, 사회대**<br>직업 **과학자, 의사, 사회학자, 심리학자, 대학 교수** |
| 내가 발견한 뚝딱이의 특징: | 내가 발견한 탐험이의 특징: |

| 예술형 AR(멋쟁이)<br>상상력과 감수성이 풍부하고 창의력이 높은 유형 | 사회형 SR(친절이)<br>친절하고 봉사적이며 대인 관계가 원활한 유형 |
|---|---|
| 감정이나 생각을 창의적으로 연습하는 흥미를 가집니다. 복합적 정신 기능이 새로운 지식이나 방법을 창조하는 데 사용되며, 이는 프로젝트와 방법을 설계하거나, 새로운 방법으로 생각, 감정 및 기분을 표현하고, 생각과 기분을 창조하기 위해 상상력을 발휘하는 사람들입니다. 내가 예술적 감각이 있다 하시는 분들은 모두 여기에 속하죠. | 다른 사람들의 정신적, 영혼적, 사회적, 신체적 및 직업적 문제에 관심을 가지고 도와주려는 흥미를 가집니다. 이런 흥미 때문에 이들은 타인과의 신체적, 정신적, 정서적 도는 영혼의 안정을 향상시키는 일에 만족감을 갖습니다. 말하고 듣기를 잘하고 의사소통이 잘되며 도움이 필요한 다른 사람과의 접촉을 중요하게 여기는 사람들이랍니다. |
| 성격 상상력, 감수성, 개방성, 창의성<br>전공 순수계술, 산업예술, 공연예술, 예술기획<br>직업 예술가, 무용가, 연예인, 디자이너 | 성격 친절함, 공감적, 봉사적, 친화적<br>전공 사회대, 사범대, 아동학, 간호학<br>직업 교사, 상담사, 사회복지사, 간호사 |
| 내가 발견한 멋쟁이의 특징: | 내가 발견한 친절이의 특징: |

| 기업형, 진취형 ER(씩씩이) | 관습형 CR(성실이) |
|---|---|
| 지도력, 설득력이 있고 열성적이며 외향적인 유형 | 책임감 강하고 계획적이며 사무 능력이 높은 유형 |
| 다른 사람들에게 영향을 주는 일에 흥미가 있으며 지도력이 있고, 도전과 책임을 즐깁니다. 이들의 활동은 사건을 찾고, 협상하고, 듣고, 촉진적 업무 접촉, 생산품이나 서비스에 대한 아이디어와 사실들을 수집, 교환, 제시하는 일, 일이나 타인들을 선도, 계획, 통제 또는 관리하는 일 등으로 타인으로부터 위신, 인정, 혹은 사례를 얻는 것을 좋아합니다. | 짧은 시간 내에 많은 일을 할 수 있도록 일을 잘 조직하는 성격입니다. 과제와 방법을 미리 설정해 두며, 같은 일을 반복하는 것을 잘합니다. 대체로 과제는 짧은 시간 내에 끝내는 것이죠. 정확성 높고 세밀한 것에 주의를 집중하는 활동을 잘하고 기록, 청구서 작성, 서류 관리, 수수료 관리, 예산 세우기, 예금 관리 등의 활동들에서 두각을 나타냅니다. |
| 성격 **지도력, 설득력, 경쟁적, 외향적**<br>전공 **경상대, 법과대, 행정대, 사회대**<br>직업 **기업인, 법조인, 영업사원, 보험계리사** | 성격 **책임감, 신중함, 보수적, 계획적**<br>전공 **경상대, 행정대, 법과대, 정보대**<br>직업 **세무사, 경리사원, 도서관 사서, 은행원** |
| 내가 발견한 씩씩이의 특징: | 내가 발견한 성실이의 특징: |

# 나의 진로 사명서

초등학교     학년    반  이름

## 1. 자기이해

● **친구의 생각**

나의 친구들은 나를 (예: 멋쟁이                    )라고 부른다.

나의 친구들은 나에게 (예: 정리정돈을          )잘한다고 한다.

● **나의 생각**

나는 (예: 수학과, 과학을 잘하고, 발표를              ) 잘한다.

나는 (예: 친구들과 함께 어울리고 이야기하는 것을          ) 좋아한다.

## 2. 진로 방향

● **원하는 직업과 이유**

원하는 직업 (예: 의사                    )

원하는 이유 (예: 아픈 사람을 잘 치료해 주기 위해          ) 때문이다.

## 3. 나의 미래를 위한 약속

나는 집에서

(예: 과학책을 틈틈이 보겠다고                    ) 약속합니다.

나는 학교에서

(예: 어려운 일을 솔선수범하겠다고                ) 약속합니다.

나는 친구들에게

(예: 항상 따스한 관심을 가져주겠다고              ) 약속합니다.

## 4. 나의 다짐

나는

(예: 따뜻한 마음을 가진 의사선생님이 되겠다고        ) 다짐합니다.

| 9차시 | 학습주제 | 우리를 위한 진로 설계 |
|---|---|---|
| | 학습문제 | 우리나라가 100명의 마을이라면 |

<table>
<tr><td colspan="2">활동하기 전</td></tr>
<tr><td colspan="2">우리나라를 100명이 사는 한 마을로 보고, 우리나라의 여러 가지 문제점을 파악해 봅시다.<br><br>1. 지역   2. 집   3. 나이   4. 먹을거리   5. 건강   6. 종교<br>7. 어린이와 청소년   8. 여자와 남자   9. 동물   10. 정보통신<br>11. 일하는 사람들   12. 잘사는 사람과 가난한 사람   13. 세계화<br>14. 에너지   15. 우리 마을의 과거와 현재, 그리고 미래</td></tr>
</table>

## 활동1. 우리나라의 문제점 뽑아내기

| 선택한 문제 | 우리나라의 문제 상황 |
|---|---|
| 예)<br>1. 지역 | 마을 사람의 100명 가운데 절반인 50명이 수도권에 모여 살아요. 24명 경기도, 20명 서울시, 6명 인천광역시에 살아요. |
| | |
| | |

## 활동2. 내가 생각하는 문제점

| |
|---|
| |

## 활동3. 나의 꿈, 우리의 꿈

| 직업명 | |
|---|---|
| 성공한 사람 | |
| 하는 일 | |
| 이 꿈을 이루기 위해 내가 할 일 | |
| 내가 생각하는 우리나라문제점 | |
| 내 꿈으로 이 문제를 해결할 방법 | |

| 자유 메모 | 스스로 평가해 봐요 |
|---|---|
| | 활동에 열심히 참여하였나요? (스스로 평가하여 ○표 하세요) 매우 그렇다( ) 그렇다( ) 보통이다( ) 아니다( ) 모르겠다( ) |

| 진로 수업 마무리 | 학습주제 | 공부도 전략이다 |
|---|---|---|
| | 학습문제 | 내 학습 방법의 강점과 약점을 알아보자. |

## 학습 방법 진단 검사

초등학교          학년     반 이름                    (남, 여)

이 검사는 성적과는 전혀 관계가 없습니다. 여러분이 공부하는 데 필요한 여러 가지 정보를 알아보기 위한 검사이므로 편안한 마음으로 솔직하게 답하면 됩니다. 이 검사지에는 정답이 있는 것이 아닙니다. 솔직하게 여러분이 공부하는 방법을 표시하면 됩니다.

아래의 예를 보세요.

---

**1. 공부할 때는 열심히 하려고 노력한다.**

---

위의 문장을 읽고 아래의 보기 중에서 자신과 가장 비슷한 경우의 번호를 답안지에 숫자로 써 넣으면 됩니다.

| 전혀 그렇지 않다 | 그렇지 않다 | 반반쯤 이다 | 보통 그렇다 | 항상 그렇다 | 문제 번호 | 점수 |
|---|---|---|---|---|---|---|
| 1 | 2 | 3 | 4 | 5 | 1 | |

그럼 지금부터 아래의 문제를 잘 읽고 해당되는 점수를 답안지에 표시하세요.

1. 공부할 때는 열심히 하려고 노력한다.
2. 공부를 시작하기 전에 공부할 양을 생각하고 끝낼 시간을 미리 정한다.
3. 수업이 시작되기 전에 자리에 앉고 수업을 준비한다.

4. 책을 읽다가 중요하다고 생각하는 부분은 밑줄을 긋거나 표시해 둔다.

5. 나는 공책을 잊지 않고 준비한다.

6. 공부한 것을 이해하는 것으로 그치지 않고 중요한 것은 외운다.

7. 공부할 때 공부에 방해되는 TV나 라디오 등은 꺼 놓고 공부한다.

8. 공부할 때 어떤 문제가 시험에 나올지 예상할 수 있다.

9. 숙제가 재미없더라도 시작하면 끝을 맺는다.

10. 놀고 싶어도 우선 할 일을 끝내 놓고 하는 편이다.

11. 수업을 들으면서 선생님께서 무엇을 강조하시는지 생각하며 듣는다.

12. 책을 다 읽고 난 뒤에 읽은 내용이 무엇이었는지 정리해 본다.

13. 나는 공책 정리를 깔끔하게 한다.

14. 암기할 부분을 읽은 후에 자기말로 외워 본다.

15. 공부를 시작하기 전에 공부할 분위기와 마음가짐을 갖춘다.

16. 시험문제를 다 풀고 난 후에 시간이 남으면 엎드리지 않고 다시 풀어 본다.

17. 좋은 성적을 받는 것은 나에게 중요하다.

18. 여러 가지 일을 할 때는 중요한 것부터 시작한다.

19. 선생님 말씀 중에 모르는 내용은 질문하거나 다른 방법으로 알고 넘어간다.

20. 중요한 정도와 어려운 정도에 따라 읽는 속도를 달리한다.

21. 공책은 나중에 보아도 이해하기 쉽게 되어 있다.

22. 무조건 외우지 않고 나에게 좀 더 편한 방법을 찾아 외운다.

23. 주로 같은 시간에 같은 장소에서 공부하는 편이다.

24. 너무 어려운 시험문제가 나오면 쉬운 문제부터 풀고 나중에 어려운 것을 푼다.

25. 목표를 세워 그 목표를 달성하기 위해 노력한다.

26. 매일 규칙적으로 공부한다.

27. 수업 시간에 발표하기를 좋아한다.

28. 책을 읽을 때 그림이나 그래프 도표 같은 것을 자세히 본다.

29. 선생님이 수업 시간에 정리해 주신 내용은 꼼꼼하게 기록한다.

30. 내 나름대로 쉽게 암기하는 방법이 있다.

31. 집중이 잘 안 될 때, 공부에 집중하는 방법을 알고 있다.

32. 시험 보기 전에 공부할 내용을 모두 공부하여 정리하고 시험을 치른다.

33. 공부를 하는 것은 나에게 도움을 준다.

34. 공부하기 전에 먼저 공부 계획을 세워 보고 공부를 시작한다.

35. 선생님이 설명을 하면서 나의 눈을 마주치신다.

36. 글쓴이가 무슨 내용을 전달하려고 하는지 궁금증을 가지고 책을 읽는다.

37. 선생님이 중요하다고 말씀하신 것은 따로 메모해 둔다.

38. 암기하기 전에 먼저 무슨 뜻인지 충분하게 이해하려고 한다.

39. 공부하기 시작하면 오래 앉아서 꾸준히 하는 편이다.

40. 시험이 끝난 후에 틀린 문제를 다시 풀어 보고 틀린 이유를 확인한다.

----------------------------------------------------------------------------

## 학습 방법 진단 검사 답안지

20    년    월    일 이름

| A | | B | | C | | D | | E | | F | | G | | H | |
|---|---|---|---|---|---|---|---|---|---|---|---|---|---|---|---|
| 1 | | 2 | | 3 | | 4 | | 5 | | 6 | | 7 | | 8 | |
| 9 | | 10 | | 11 | | 12 | | 13 | | 14 | | 15 | | 16 | |
| 17 | | 18 | | 19 | | 20 | | 21 | | 22 | | 23 | | 24 | |
| 25 | | 26 | | 27 | | 28 | | 29 | | 30 | | 31 | | 32 | |
| 33 | | 34 | | 35 | | 36 | | 37 | | 38 | | 39 | | 40 | |
| 계 | | | | | | | | | | | | | | | |

*칸에 정도를 나타내는 숫자를 씁니다.

# 검사 결과표

초등학교    학년    반  이름

| 항목 | 내용 | 점수 |
|------|------|------|
| A | 동기 및 실천력 | |
| B | 시간 관리 | |
| C | 수업 듣기 및 태도 | |
| D | 책 읽기 | |

| 항목 | 내용 | 점수 |
|------|------|------|
| E | 노트하기 | |
| F | 기억하기 | |
| G | 집중하기 | |
| H | 시험 기술 | |

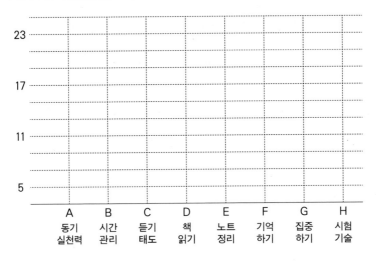

나의 강점과 약점 기록 표

| 강점 | 약점 |
|------|------|
| | |
| | |
| | |

이 책을 선택해 주신 선생님께 감사의 말씀 드립니다.
아래의 인터넷 주소에 인성 수업을 위한 수업 녹화자료를 공유합니다.
코로나-19로 대면 수업이 어려운 상황에 도움이 되길 바랍니다.
http://cafe.daum.net/elmoco